POR QUE OS JOVENS SAEM DA IGREJA?

Fé ou cultura, quem vencerá?

Wesley A. Barbosa

Copyright © 2021 Wesley A. Barbosa

All rights reserved

The characters and events portrayed in this book are fictitious. Any similarity to real persons, living or dead, is coincidental and not intended by the author.

No part of this book may be reproduced, or stored in a retrieval system, or transmitted in any form or by any means, electronic, mechanical, photocopying, recording, or otherwise, without express written permission of the publisher.

ISBN: 9798776148705

Cover design by: Art Painter
Library of Congress Control Number: 2018675309
Printed in the United States of America

Dedico este livro a minha esposa e filha, e a todo jovem que anseia algo além dessa vida, para que busquem aprender a amar mais a Deus do que a si mesmos.

Com carinho Wesley A. Barbosa

CONTENTS

Title Page
Copyright
Dedication

Por que os jovens saem da igreja?	1
Como é a igreja idealizada por Deus?	8
Qual o objetivo da igreja?	12
O que fazer para manter os jovens na igreja?	14
15 ações de Amor na prática	17
O que a Bíblia diz para os jovens?	38
Assuntos preferidos dos Jovens Cristãos	54
O que acontece com uma pessoa que se afasta da Igreja?	65
Como trabalhar com os jovens?	69
O que os jovens buscam na igreja?	71
Como trabalhar a fé com os jovens?	73
O que ensinar para jovens cristãos?	76
Como ministrar a palavra para jovens?	81
Para que serve um grupo de jovens?	86
Como ser um bom líder de jovens na Igreja?	88
Qual é a importância de Cristo para o jovem?	93
agradecimentos	97
About The Author	99

POR QUE OS JOVENS SAEM DA IGREJA?

Jesus disse: Se você quer ser perfeito, vá, venda os seus bens e dê o dinheiro aos pobres, e você terá um tesouro nos céus. Depois, venha e siga-me. Ouvindo isso, o jovem afastou-se triste, porque tinha muitas riquezas. Mateus 19:16-30

Afastar-se da igreja, e de Deus é uma escolha pessoal. Saímos ou deixamos de frequentar uma congregação porque todo ser possui autonomia e poder de livre escolha.

E ordenou o Senhor Deus ao homem, dizendo: De toda a árvore do jardim comerás livremente, mas da árvore do conhecimento do bem e do mal, dela não comerás; porque no dia em que dela comeres, certamente morrerás. Gênesis 2:16,17

O versículo acima possui uma estrutura base para nossa felicidade:

- Mandamento
- Liberdade de escolha
- Consequências

Então a resposta correta, por que as pessoas saem da igreja? É muito simples, é porque elas são livres. Deus não nos encarcerou em possibilidades apesar de elas serem infinitas, mas nos deu o poder de escolher.

E esta é uma das razões pela qual eu sou cristão, Cristo não obriga ninguém a segui-lo muito menos amá-lo. Amar é ser livre para poder escolher nosso destino e escrever a nossa própria história.

"Você é livre para fazer suas escolhas, mas é prisioneiro das consequências". - Pablo Neruda

Honestamente a cultura em todas as eras não facilitou o caminho do cristianismo, e talvez esta oposição seja um dos segredos do sucesso da igreja cristã em todas as eras. A cultura influencia, molda, dita, destrói, constrói ideologias e junta cacos, mas ainda continuamos sendo livres, para servi-lo ou deixá-lo. Sei que já deve ter gente torcendo nariz, nestes primeiros parágrafos, e até entendo, porque nossa sociedade não nos deu espelhos para enxergar nossas debilidades para mudar rotas. É mais fácil delegar ao estado, a igreja, ou a família para que eles decidam por mim, e me aponte o caminho a seguir. E quando um dos 3 errar, culpamos aquele que nos gerou prejuízos, isso porque esquecemos de ser autores de nosso destino.

Muito bem, não estou aqui sendo rebelde, mas lhe mostrando que temos por natureza culpar pessoas e circunstâncias, mas nunca a nós mesmos, pelos nossos desvarios. Estas instituições possuem suas funções etc. Mas nenhuma delas pode fazer algo excepcional por você, decidir. A menos que você escolha dar a eles por procuração o seu poder de ir e vir o que tomem pela força como na inquisição. Este livro não é um apoio a canção do vitimista, mas para quem deseja maturidade espiritual e crescimento espiritual. Pare de culpar os outros pelos seus fracassos.

E Deus disse: Quem te mostrou que estavas nu? Comeste tu da árvore de que te ordenei que não comesses? Gênesis 3:11

Adão culpa a mulher, a mulher culpa a serpente, e no fim das contas ambos subliminarmente culpam a Deus. É hora de avançarmos para compreendermos o quão nocivo é este comportamento, e como ele impede a igreja de crescer neste tempo. Nem cultura, nem homens, nem igreja, nem estado, nem anjos, nada pode nos separar do Amor de Deus.

Nem altura, nem profundidade, nenhuma outra criatura nos poderá separar do amor de Deus, que está em Cristo Jesus

nosso Senhor. Romanos 8:39

Isso não isenta a responsabilidade da comunidade por uma pessoa que deixou de frequentar a igreja. Há igrejas que preferem amputar o corpo de Cristo, e lançar fora um membro do que buscar cura, pois bem este é o sistema. Mas por outro lado entendo que há situações em que a amputação é inevitável, é o sistema e eu escolho fazer parte dele ou não. Mas o esforço deve ser sempre com foco em salvar:

Porque o Filho do homem veio buscar e salvar o que se havia perdido. Lucas 19:10

Então o que fazer? Bem temos um desafio grande à nossa frente, pois o evangelho voa alto e avança, e precisamos avançar com ele. A igreja cristã em todas as eras enfrentou desafios, e se sobrepôs a cada um deles, mas ao aproximar-nos do tempo do fim, novos e complexos desafios surgem. O mal durante séculos vem trabalhando para transformar o inconsciente coletivo, com o conceito de que a igreja não presta.

E de certa parte, não estranhe a observação, o valor da igreja existe, não porque é inerente a ela, o valor que ela possui vem do noivo (Cristo). E o problema é que ela não percebe a sua condição, muito semelhante a igreja no período de Laodicéia:

Como dizes: Rico sou, e estou enriquecido, e de nada tenho falta; e não sabes que és um desgraçado, e miserável, e pobre, e cego, e nu; Apocalipse 3:17

Nada que façamos pode aumentar ou diminuir o amor de Deus, por nós.

Mas todos nós somos como o imundo, e todas as nossas justiças como trapo da imundícia; e todos nós murchamos como a folha, e as nossas iniquidades como um vento nos arrebatam. Isaías 64:6

Levanta os teus olhos aos altos, e vê: onde não te prostituíste? Nos caminhos te assentavas para eles, como o árabe no deserto; assim poluíste a terra com as tuas fornicações e com

a tua malícia. Por isso foram retiradas as chuvas, e não houve chuva serôdia; mas tu tens a fronte de uma prostituta, e não queres ter vergonha. Jeremias 3:2,3

Mas a igreja tem a sua importância, ela é a menina dos olhos de Deus, alvo supremo do seu amor. Ferramenta escolhida por Deus, para comunicar vida as nações através do evangelho eterno, mesmo que seja falha.

Portanto ide, fazei discípulos de todas as nações, batizando-os em nome do Pai, e do Filho, e do Espírito Santo; Ensinando-os a guardar todas as coisas que eu vos tenho mandado; e eis que eu estou convosco todos os dias, até a consumação dos séculos. Amém. Mateus 28:19,20

Participei certa vez, de uma atividade do grupo de jovens da minha igreja de uma dinâmica de grupo chamada tambor furado. O desafio é reter a água que está dentro do tambor todo furado e a única coisa que podemos usar para estancar a água são os dedos das mãos e dos pés. Ao mesmo tempo que parece que o mundo está se convertendo a Deus, está ocorrendo uma debandada de pessoas da igreja. E as razões são diversas, justas ou não, vivemos em uma época em que o evangelismo parece enxugar gelo. De acordo com o Centro Global de Estudos sobre Cristianismo, em 2018, havia cerca de 420 a 440 mil missionários servindo ao cristianismo por todo o mundo.

E vos farei pescadores de homens, disse o Mestre, mas parece que a rede está furada, pois as pessoas entram por uma porta e saem por outra. Segundo o Pew Research Center, instituto de pesquisa americano, existem no mundo cerca de 2,18 bilhões de pessoas que dizem professar a fé cristã. E quando focalizamos nos jovens, parece que nossas esperanças se vão definitivamente, segundo dados da LifeWay Research, empresa especializada em pesquisas para igrejas cristãs.

Afirma que 66% dos jovens deixaram de frequentar a igreja por pelo menos um ano entre 18 e 22 anos, muitas outras opções foram assinaladas veja os principais motivos:

• 96% dos membros abandonaram a igreja por mudanças de vida como motivo para desistir da igreja;

• 73% apontaram que as razões da sua saída estavam relacionadas à igreja ou ao pastor;

• 70% assinalaram como motivo principal de sua saída as crenças religiosas, éticas ou políticas;

• 63% disseram que sua saída teve a ver com o ministério de jovens.

Realmente me surpreendi com os dados, se dermos um zoom nestes números veremos que as coisas não estão boas. A pesquisa trouxe os cinco principais motivos específicos que mais foram assinalados na pesquisa como motivos da saída da igreja.

• Entrada na faculdade, 34%;

• Membros da igreja julgadores ou hipócritas, 32%;

• Não se sentiam conectados com as pessoas da igreja, 29%;

• Discordar da posição da igreja sobre políticas e sociais 25%;

• Responsabilidades de trabalho, 24%.

O primeiro passo é compreendermos que este cenário já foi previsto, se por um lado desanima, por outro sabemos que o fim está próximo.

Sabe, porém, isto: que nos últimos dias sobrevirão tempos trabalhosos. Porque haverá homens amantes de si mesmos, avarentos, presunçosos, soberbos, blasfemos, desobedientes a pais e mães, ingratos, profanos, Sem afeto natural, irreconciliáveis, caluniadores, incontinentes, cruéis, sem amor para com os bons, Traidores, obstinados, orgulhosos, mais amigos dos deleites do que amigos de Deus, Tendo aparência de piedade, mas negando a eficácia dela. Destes afasta-te. Porque deste número são os que se introduzem pelas casas, e levam cativas mulheres néscias carregadas de pecados, levadas de várias concupiscências; que aprendem sempre, e nunca podem chegar ao

conhecimento da verdade. E, como Janes e Jambres resistiram a Moisés, assim também estes resistem à verdade, sendo homens corruptos de entendimento e réprobos quanto à fé. Não irão, porém, avante; porque a todos será manifesto o seu desvario, como também o foi o daqueles. Tu, porém, tens seguido a minha doutrina, modo de viver, intenção, fé, longanimidade, amor, paciência, 2 Timóteo 3:1-10

Além da escolha individual do porquê os jovens abandonam a igreja? Quais outras questões influenciam ou colaboram para esta saída?

"O pessimista vê dificuldade em todas as oportunidades, mas o otimista vê oportunidade em cada dificuldade".

Qual caminho você vai escolher trilhar? Pois não trataremos aqui das trevas que envolvem a igreja, mas da luz que deve brilhar por ela e sobre ela. É você é esta luz, é sobre isso que vamos tratar aqui, Jesus disse:

Vós sois a luz do mundo... Mateus 5:14

E muitos se questionam por que Jesus ainda não voltou? Por que parecemos não avançar no cenário global mesmo com os avanços tecnológicos? Ao se defrontarem com tais questões, alguns de maneira superficial responderiam, porque faltam ainda 5 bilhões para serem salvos. Se pensarmos assim ficaremos aqui ad aeternum, algo precisa acontecer para que todos recebam nesta geração a mensagem do evangelho. Fanatismo, política, irmãos ignorantes, adultério, corrupção, pecados de diversas ordens, criam um bloqueio entre Deus e o homem. Então qual seria nossa maior necessidade? Nossa maior necessidade é poder do Espírito Santo, perceba, viver o evangelho é pregar o evangelho. Vai se preparar ou ficar olhando os outros despencaram na fé? Pois que adianta ao homem ganhar o mundo e perder a sua alma? Marcos 8.36

Mas recebereis poder, ao descer sobre vós o Espírito Santo,

e sereis minhas testemunhas tanto em Jerusalém como em toda a Judéia e Samaria e até aos confins da terra. Atos 1:8

Se você for um bom observador vai perceber que iniciei este capítulo contando a história do jovem rico. Ela representa a triste realidade de centenas de jovens ao redor do globo, são pessoas que saíram para nunca mais voltar.

Junte-se a nós nesta busca por conhecimento e abra novos horizontes para as perspectivas eternas. Este livro é um guia prático, simplificado, é um esforço de um membro fraco da igreja que está buscando em Cristo forças.

E disse-me: A minha graça te basta, porque o meu poder se aperfeiçoa na fraqueza. De boa vontade, pois, me gloriarei nas minhas fraquezas, para que em mim habite o poder de Cristo. Por isso sinto prazer nas fraquezas, nas injúrias, nas necessidades, nas perseguições, nas angústias por amor de Cristo. Porque quando estou fraco então sou forte. 2 Coríntios 12:9,10

Que este despertar te mova para cima e para mais perto de Jesus.

Desafio de hoje: O maior campo missionário é a tua casa, ore por você e sua família, peça para que Deus te ajude a ser um missionário dentro da sua casa.

Missão dada é missão cumprida [ ]

Fontes

https://pewresearch.org/fact-tank/2013/03/22/number-of-christians-rises-but-their-share-of-world-population-stays-stable

https://lifewayresearch.com/2019/01/15/most-teenagers-drop-out-of-church-as-young-adults

https://static1.squarespace.com/static/4f661fde24ac1097e013deea/t/5b0314ea6d2a735b97e59494/1526928618131/gd62.pdf

COMO É A IGREJA IDEALIZADA POR DEUS?

Nisto todos conhecerão que sois meus discípulos, se vos amardes uns aos outros. João 13:35

Este versículo é a síntese da igreja idealizada por Deus, uma igreja que ama na forma mais simples da palavra. Poderíamos resumir este capítulo nestes dois parágrafos, mas vamos detalhar um pouco mais e lançar luz de forma mais ampla. Porém, não quero ser simplista, mas anseio simplificar nosso entendimento sobre a "igreja ideal", pois o tempo está correndo e temos uma missão. Gosto muito de questionar, e para avançarmos precisamos descobrir, o que é amor e o seu conceito universal. Para isso contaremos com a ajuda da Grécia antiga! Em um mundo onde tudo parece possuir duplo significado, onde nada é absoluto, como saber o real significado do amor? Bem, tal resposta é complexa, ampla, mas o primeiro passo é buscar interpretações antigas, para conectá-las ao presente, sem cometer um erro anacrônico. Corri para o dicionário e veja o que ele diz, segundo as Definições de Oxford Languages.

Amor

substantivo masculino

1. forte afeição por outra pessoa, nascida de laços de consanguinidade ou de relações sociais. Mas ao ampliar a minha busca encontrei nove tipos de amor, exagero? Vamos desenvolver nosso conceito com base nos 3 tipos mais conhecidos de Amor na visão dos Gregos.

- **Ágape: amor incondicional;**
- **Eros: amor apaixonado;**
- **Philia: amizade profunda;**

- Mania: amor obsessivo;
- Storge: amor familiar;
- Philautia: amor-próprio;
- Ludus: amor lúdico;
- Pragma: amor duradouro.

Amor Ágape

A palavra ágape tem sua etimologia (origem da palavra) no grego, "αγάπη", transcrito para o latim como "agape". Ágape é o tipo de Amor que Deus deseja que tenhamos. Trata-se do tipo de amor que se doa, que é incondicional, e que se entrega sem reservas, sem querer nada em troca. O filósofo Platão (matemático do período clássico da Grécia Antiga) e outros autores da sua época, usaram este termo para denotar o amor a membros da família.

Também o amor era usado para se referir a um grupo com conexão ou conformidades semelhantes, dispostos a se sacrificar um pelo outro. Para Platão, o amor verdadeiro é puro e desprovido de paixões e interesses pessoais, sendo um poderoso agente transformador humano.

Exemplo de Amor ágape na bíblia:

Porque Deus tanto amou o mundo que deu o seu Filho Unigênito, para que todo o que nele crer não pereça, mas tenha a vida eterna. João 3:16

Amor Eros

Eros é o nome do cupido na mitologia grega, deus do amor erótico. Filho de Afrodite, conhecida como a figura da sedução e da sexualidade e Ares conhecido como Marte, planeta de sangue, sua imagem é associada a agressividade e selvageria. Este é o tipo de amor romantizado, comum em contos como Romeu e Julieta, Dom Casmurro, de Machado de Assis, Frankenstein, de Mary Shelley.

Onde o amor romântico é superior a razão, é o amor apaixonado, e amante do desejo carnal. O livro de Cantares do rei Salomão nos dá um exemplo claro da forma poética do tipo de Amor Eros.

Segundo a tradição judaica trata-se de uma alegoria da relação entre Deus e Israel. Já os mais tradicionais da igreja cristã, apreciam o sentido literal, da relação entre um homem e uma mulher.

Existe exemplo do amor Eros na bíblia? Apesar de haver a muitas discussões sobre o assunto a bíblia fala sobre este tipo de amor:

A tua estatura é semelhante à palmeira; e os teus seios são semelhantes aos cachos de uvas. Cânticos 7:7

Amor Philia

Este tipo de amor pode ser representado por uma amizade profunda, na bíblia encontramos o exemplo de Davi e Jônatas. Exemplo de Amor Philia na bíblia:

Como todo o meu ser lamenta por ti, meu irmão amado. Como te querias bem! Tua amizade era, para mim, mais preciosa do que o amor das mulheres. 2 Samuel 1:26

Philia é traduzido como (amizade), não se trata da relação íntima entre dois homens, e sim de uma profunda amizade baseada no amor, respeito e confiança plena.

Ágape > Eros > Philia

A igreja idealizada por Deus, tem um objetivo, amar as pessoas, este é o objetivo primordial de tudo que a igreja faz.

Nisto está o amor, não em que nós tenhamos amado a Deus, mas em que ele nos amou a nós, e enviou seu Filho para propiciação pelos nossos pecados. 1 João 4:10

Ninguém tem maior amor do que este, de dar alguém a sua vida pelos seus amigos. João 15:13

Mas Deus prova o seu amor para conosco, em que Cristo morreu por nós, sendo nós ainda pecadores. Romanos 5:8

A resposta correta é AMOR, ame de forma incondicional, este é o ideal.

Desafio de hoje: Escolha 5 pessoas e materialize o amor que você sente por elas. Pode ser um bilhete carinhoso, uma lembrança ou um presente especial.

Diga para essa pessoa o quanto você a ama, deixe a pessoa sentir em seu abraço na forma ágape de amar.

Missão dada é missão cumprida [ ]

Fontes
https://languages.oup.com/google-dictionary-pt/

QUAL O OBJETIVO DA IGREJA?

O amor é paciente, o amor é bondoso. Não inveja, não se vangloria, não se orgulha. Não maltrata, não procura seus interesses, não se ira facilmente, não guarda rancor. O amor não se alegra com a injustiça, mas se alegra com a verdade. Tudo sofre, tudo crê, tudo espera, tudo suporta. 1 Coríntios 13:4-7

O Apóstolo Paulo, não está falando de um mero amor sentimental, está falando de um princípio, amor é uma escolha, amor é alguém.

Vocês ouviram o que foi dito: 'Ame o seu próximo e odeie o seu inimigo, mas eu digo: Amem os seus inimigos e orem por aqueles que os perseguem, Mateus 5:43-44.

Não dá para sentir algo bom de quem nos machucou ou nos fez sofrer, mas escolho amar a despeito do mal que me foi feito. Trata-se de um princípio baseado no sacrifício, no ato de se doar por amor, materializado em Cristo.

Porque Deus, amou (ágape) o mundo de tal maneira que deu o seu Filho unigênito, para que todo aquele que nele crê não pereça, mas tenha a vida eterna. João 3:16

Em suma, a igreja idealizada por Deus é uma igreja que ama de forma incondicional, como Cristo amou a igreja e por ela morreu.

E qual o objetivo da igreja? Entender que o ideal é amarmos uns aos outros, simples, não é? Não tem segredo é entender em outras palavras que somos todos farinha do mesmo saco, todos somos pecadores carente da graça de Deus. E ele demonstra isso de forma clara na cruz.

Ora, se quando éramos inimigos de Deus fomos reconciliados com Ele mediante a morte de seu Filho, quanto mais no presente, havendo sido feitos amigos de Deus, seremos salvos por sua vida. Romanos 5:10

Parece utopia, mas a sua igreja pode viver essa realidade idealizada por Cristo, que este amor seja real em você. Seja amor para o seu vizinho, seja amor para sua esposa, sua namorada, ou namorado, amigo ou inimigo.

Portanto, tudo o que vós quereis que os homens vos façam, fazei-lho também vós a eles. Mateus 7:12

Qual o objetivo da igreja? Amar para salvar.

Desafio de hoje: Converse com os jovens e membros da igreja como a igreja local pode cumprir os seus objetivos. Liste as ações e cole em local visível para que todos não esqueçam as metas e objetivos da igreja.

Missão dada é missão cumprida [ ]

O QUE FAZER PARA MANTER OS JOVENS NA IGREJA?

Antes que o sol se ponha, pense em algum ato que leve à conversão de alguma pessoa e execute-o com todas as suas forças. C. H. Spurgeon

Já vimos no primeiro capítulo que o amor é a chave para construir a igreja ideal, e que esta igreja salva porque ama. Mil maravilhas, não é? Não, nem tudo é um paraíso, amar não significa que os problemas vão sumir.

Amar pode significar mais problemas, mas que ele ainda é a melhor forma de resolvê-los, e o mesmo conceito se aplica a o processo da manutenção do jovem na igreja. É sabido que o amor é demonstrado em ações com o objetivo de salvar, por esta razão, entenda:

Amor é ação!

Na realidade amor é um conjunto de ações que visam enobrecer o ser, proteger e melhorar a relação dos homens consigo e com Deus.

Consequentemente essa relação será harmoniosa apesar das dificuldades que como igreja enfrentamos.

Listamos algumas dessas ações de forma resumida, são práticas que ao serem postas em ação geram resultados positivos.

Saiba o que fazer para evitar que o jovem saia da igreja. Lembrando que você pode amar de maneira integral e fazer de tudo para salvar alguém e ser rejeitado.

Não esqueça, as pessoas possuem livre arbítrio, e o direito de ir e vir, escolher servir a Deus ou não. Nosso papel como líderes é ensinar a juventude o significado da palavra liberdade, não tenha medo de fazê-lo.

Lembre sua juventude que possuem poder de escolha, e que estas escolhas possuem consequências. Não se culpe caso as suas ações não derem o resultado que você espera.

Mas faça um esforço amoroso, honesto para que as pessoas que passarem por sua vida recebam o melhor de Deus. Combine esforço, dedicação, e o restante é com o Espírito Santo de Deus.

Repito: Amor é ação.

Nos livros de Mateus 19:16-30, conhecemos a história de um jovem, conhecido na Bíblia como o "jovem rico".

Tirando o estereótipo de que todo rico é ruim, o que é uma mentira, aprendemos algo interessante com esta história. Este jovem tinha o desejo de conhecer mais a Deus, ansiava pela salvação como ser.

Mestre, o que farei de bom para ter a vida eterna? Respondeu-lhe Jesus: "Por que você me pergunta sobre o que é bom? Há somente um que é bom. Se você quer entrar na vida, obedeça aos mandamentos". Mateus 19:16, 17

Este jovem era guardador de todos os mandamentos, ao tratar sobre este tema, mas incorremos em cometer o mesmo erro que ele cometeu.

Uma coisa te faltava, afirma Jesus. E o problema não era ele estar disposto a dividir a sua riqueza com os pobres, o problema é que ele não amava a Cristo. Quando amamos a Deus, naturalmente amaremos o nosso próximo. A questão aqui é muito similar ao episódio onde Jesus pergunta para Pedro,

Pedro tu me amas? João 21:15-22

Aqui Jesus está perguntando ao jovem rico, você me ama? Eu sou sua maior riqueza?

Jesus respondeu: "Se você quer ser perfeito, vá, venda os seus bens e dê o dinheiro aos pobres, e você terá um tesouro nos

céus. Depois, venha e siga-me". Ouvindo isso, o jovem afastou-se triste, porque tinha muitas riquezas. **Mateus 19:21-22**

A resposta foi dada, o jovem deu as costas e foi embora, não saiu apenas da igreja, mas abandonou Cristo. Um outro detalhe curioso desta história, é que o jovem saiu da presença de Jesus, e não vemos o Mestre esperneando atrás do jovem.

Isto não significa que Jesus não o amasse, mas sim que Cristo respeita as nossas escolhas.

Eis que estou à porta e bato. Se alguém ouvir a minha voz e abrir a porta, entrarei e cearei com ele, e ele comigo. Apocalipse 3:20

Regra simples, não? Respeitar as escolhas das pessoas é fundamental para seu crescimento como cristão.

Às vezes a melhor forma de corrigir alguém é permitir que a pessoa parta, lembra da parábola do filho pródigo?

O Pai não o impediu, deu a ele a parte que tinha na herança, e essa atitude de pedir a herança antecipada era uma afronta, é como se ele desejasse a morte do pai. Grave atitude não? Mas só assim para este jovem reconhecer o quanto era infeliz, longe da casa do pai. Só na escassez para lembrar que na casa do pai tinha comida, amor, roupa limpa e honra. Quando era rico e abençoado não valorizou o que tinha, a distância vez o jovem da parábola, enxergar o significado da palavra amor.

Não acredito na frase: Ou vem pela dor ou vem pelo amor. Acredito que muitos viram pelo amor, mas precisaram passar pelo vale da dor, para entenderem o significado da palavra amor. Se esforce ao máximo, mas nunca se esqueça que estamos lidando com seres humanos. O que fazer para manter os jovens na igreja? Ame, mas não esqueça que eles são livres.

Desafio de hoje: Certamente existe alguém que você conhece que está longe de Cristo? Faça uma lista com 5 desses nomes e ore agora por eles.

Missão dada é missão cumprida [ ]

15 AÇÕES DE AMOR NA PRÁTICA

Nós amamos porque ele nos amou primeiro. 1 João 4:19

Separamos uma lista com algumas ações saudáveis para que você possa praticar com os jovens da sua igreja. Use a criatividade a fim de fazer a manutenção da vida espiritual da juventude.

1. Ouça os jovens

Ouvir com o coração, essa é a primeira lição para manutenção dos jovens da igreja. Sabemos que a igreja cristã é multiforme e sofre com as desigualdades sociais, possui diferenças educacionais, socioculturais e emocionais.

Quantos jovens doentes no coração, tiraram a sua própria vida por não terem quem lhe acalmasse a dor do coração? Os tempos atuais nos roubaram o tempo daquilo que é essencial, e priorizamos um monte de futilidades. Nossas ações devem ser com o fim de minimizar todas essas problemáticas.

Mas na maioria das vezes o que os jovens procuram tanto na família quanto na igreja é serem ouvidos. Por isso é importante desenvolver a arte de ouvir com o coração.

Dica: Crie dentro da sua igreja grupos de pessoas que desenvolvam, a habilidade de ouvir. Envolva todos os membros nesta ação. Às vezes o jovem está dizendo não com palavras, mas com o coração e não encontra quem o entenda.

Não me refiro apenas ao bom funcionamento do seu aparelho auditivo, mas há habilidade de compreender os bastidores das ações.

Quais os benefícios de ouvir com o coração?

- Você aprende novas experiências;
- Fortalece conexões;
- Pode ajudar de maneira eficaz.

Entender que há ações ruins cometidas por esses jovens que são injustificáveis, mas que outras expressões são na realidade um grito por socorro.

A rebeldia que julgamos sem causa, possui uma razão, e talvez isto esteja ligado a um coração que não encontrou um ouvido (coração) disposto a ouvi-lo.

Na maioria das vezes as igrejas não possuem estrutura simples como essa para compreender o que os jovens estão dizendo.

Por isso, se você é líder jovem, pastor, ancião, distrital, ministro de louvor, cozinheira, zelador, apóstolo ou qualquer outro cargo, de atenção para este item.

Crie um grupo de pessoas para ouvir, isso será eficaz na resolução de conflitos dentro e fora da igreja.

Dê voz aos jovens da sua igreja, permita que ele diga o que está pensando. Agindo assim você poderá aconselhar, orientar e acolher.

Não ouça para fazer intrigas, mas ouça como Cristo está disposto a te ouvir, agindo assim certamente ganhará a sua confiança.

Todo processo de manutenção da permanência de um membro na igreja passa pelo desenvolvimento da confiança. E quando ela é quebrada naturalmente vamos notar algo dissonante nas relações e consequentemente quedas e saídas da igreja.

Ouça a juventude, permita que eles participem da decoração da sala, dos temas, dos lugares de passeio.

Ouve, filho meu, e aceita as minhas palavras, e se multiplicarão os anos de vida. Provérbios 4:10

Esta é uma forma singela de envolver e entender quem nós

desejamos salvar, OUÇA.

2. Entenda as necessidades individuais das pessoas

Como já falamos a igreja é multiforme e sofre com as desigualdades em todos os seus aspectos. Mas quando você tem a capacidade de entender as necessidades individuais, entender que o jovem pensa, age, possui gostos diferentes, você compreende que ganha em conhecimento para salvar?

A obra da missão não é padronizada no aspecto comunitário, mas Deus nos salva atendendo às nossas necessidades de maneira individual.

Cristo não olha para nós como comunidade, apenas, ele nos enxerga como indivíduos que possuem identidades únicas.

Ou seja, nossas necessidades também são individuais, olhe para os seus jovens e busque entendê-los cada um dentro do seu aspecto.

- Físico;
- Emocional;
- Espiritual;
- Social.

Para isso é preciso sair da sua zona de conforto e enxergar com os óculos de quem você deseja ajudar.

Entender as necessidades faz com que as suas decisões não sejam baseadas puramente em achismos, mas na razão para salvar.

Abraham Harold Maslow foi um grande psicólogo americano, conhecido por desenvolver as teorias das necessidades humanas.

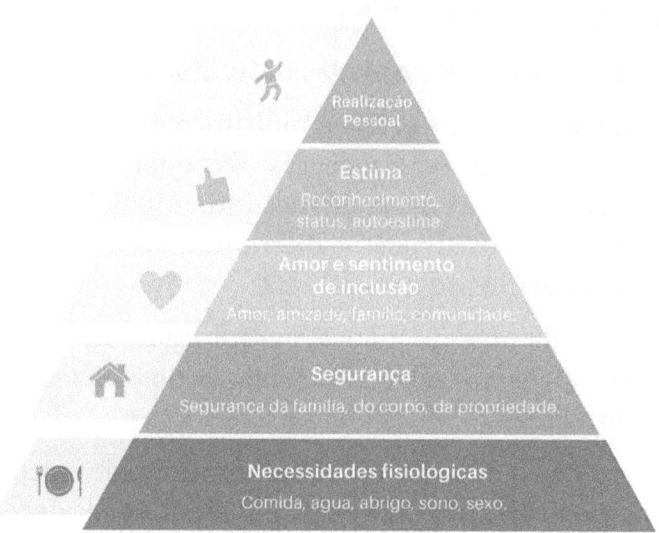

Para facilitar nosso entendimento Maslow criou uma pirâmide, que sintetiza as necessidades humanas.

Nesse modelo o cientista abrange as necessidades básicas de todos os seres humanos, como:

- Autorrealização
- Autoestima
- Relações Sociais
- Segurança
- Fisiológica

Descubra qual a necessidade dos seus jovens, saiba onde ele está realmente carecendo de atendimento.

O remédio é, um, Cristo, mas ele deve ser ministrado de acordo com a necessidade individual.

Ao exercitar neste item você desenvolverá a capacidade de perceber aquilo que é secundário e primordial na pirâmide das necessidades humanas.

Atenda de modo personalizado o suprimento dessas necessidades, agindo assim o processo de confiança passa para um novo nível.

Confiança crescente e sólida para atingirmos a nossa meta principal, fazer com que o jovem permaneça em Deus.

3. Estabeleça limites e ensine responsabilidades

Estabeleça limites e ensine responsabilidades, apesar de ser dever dos pais, a igreja pode lembrá-los destes itens.

Respeito e tolerância são práticas fundamentais para a vida social, e não é diferente no aspecto cristão. Ensinar os jovens a lidar com suas frustrações e dificuldades é fundamental neste processo.

Na igreja encontramos psicólogos, e mestres que podem ajudar com as questões emocionais, busque ajuda nestes profissionais cristãos.

Não deixe de estabelecer limites e responsabilidades e evite com que fiquem ociosos.

Dica: Se você é líder de alguma igreja não fique sobrecarregado, o seu valor não está em assobiar e chupar cana ao mesmo tempo. Isso afeta a sua saúde mental, espiritual e física. Invista no aprendizado da arte da liderança delegando e "cobrando" resultados sem estresse.

O jovem precisa de responsabilidade, precisa compreender que este compromisso vai muito além do que simplesmente servir a igreja.

Faça com que ele entenda que a suas escolhas reverberam por toda eternidade. Que se sintam à vontade, mas não tão à vontade, a ponto de perder a santidade, o respeito próprio e consideração pela igreja.

A igreja tem um dono, Deus, e nós somos apenas cooperadores, mordomos do Senhor. Deus deseja salvar a juventude, impondo limites, um exemplo disso está registrado no livro do Êxodo, capítulo 20.

Determinem um local fora do acampamento onde se possa evacuar. Como parte do seu equipamento, tenha algo com que cavar, e quando evacuarem, façam um buraco e cubra as fezes. Pois o Senhor, o seu Deus, anda pelo seu acampamento para protegê-los e entregar-lhes os seus inimigos. O acampamento terá que ser santo, para que ele não veja no meio de vocês alguma coisa desagradável e se afaste de vocês. Deuteronômio 23:12-14

Salvação é pela graça, e não por guarda de mandamentos, mas preste atenção na importância dos mandamentos.

Israel não sabia cuidar da sua higiene nesta época, defecavam dentro do arraial, e para mudar isso Deus lhe dá leis. O objetivo é de que entendessem o amor a Deus, e o amor ao próximo, então ele estabelece limites.

Oriente no cumprimento dos mandamentos, deveres e obediência, pois a Lei é santa, e o mandamento, santo, justo e bom. Romanos 7:12

Sem regras o mundo seria um caos, não vacile, ensine limites e responsabilidades para os jovens. Não tenha medo de dizer não para aquilo que é nocivo.

4. Acolha

Nós como líderes precisamos nos despojar de toda vaidade, e nos tornamos ministros de Deus.

O significado da palavra ministro é **"uphreths = servo fiel"**, mas existem líderes que estão apenas ambicionando serem servidos. Como cristãos precisamos estar mais dispostos a acolher do que a lançar fora, em especial no trato com os jovens.

Tudo quanto, pois, quereis que os homens vos façam, assim fazei-o vós também a eles; porque esta é a lei e os profetas." Mateus 7:12

É preciso se despedir da mentalidade grosseira de que tudo se centraliza em mim e em minhas vontades. A igreja está cheia de líderes mimados, que usam do seu cargo para esconder suas fragilidades e pecados.

Coloque em primeiro plano o outro e não você, assim o processo de confiança se solidifica. A confiança faz com que o jovem acredite na igreja e seus representantes, faça dela um refúgio acolhedor.

Abraçar é a melhor opção, fazer entender os seus erros e suas consequências é fundamental. E o nosso papel como igreja visa apenas acolher para sarar as feridas, curar as angústias e oferecer paz para a nossa juventude.

5. De oportunidade a todos

Ofereça oportunidade a todos, pregar, cantar, ensinar, são várias as tarefas e cargos que a igreja dispõe.

Esta estrutura não é à toa, Romanos 12:4-5, Paulo, afirma que a igreja é o corpo de Cristo. 1 Coríntios 12 solidifica que a igreja também possui dons e talentos que podem ser usados em benefício da igreja e de formas múltiplas.

Ofereça oportunidade a todos os jovens, na realidade ofereça oportunidades para todas as pessoas, crianças, idosos, adultos.

Ter habilidade de envolver a todos na missão torna a igreja mais forte e imbatível contra as forças das trevas.

Não é bom que passemos muito tempo em um determinado cargo, a gente começa a se sentir dono de algo que não é nosso. É como se fosse usucapião da igreja de Deus.

Usucapião: substantivo feminino

Aquisição de propriedade móvel ou imóvel pela posse prolongada e sem interrupção, durante o prazo legal estabelecido para a prescrição aquisitiva.

É certo que existem igrejas que por falta de mão de obra não conseguem ter essa rotatividade. Mas em igrejas onde isso é possível, é preciso treinar novas lideranças e abrir possibilidades para termos mais líderes.

Promova ações para descobrir novos talentos na música,

crie grupos para ensinar as pessoas a bíblia, desenvolva espaços para que eles possam se desenvolver na música.

Faça grupos de oração e dê aos jovens trabalho para realizarem na igreja, pois como diz o ditado, mente vazia é oficina das trevas. Se não queremos perder esse jogo, ofereça oportunidades para a juventude e lhes dê responsabilidades.

6. Torne o ambiente da igreja atrativo

Tornar o ambiente da igreja atrativo é essencial, sabemos que existem muitas igrejas que passam dificuldades até mesmo para pagar as suas contas.

A desigualdade social é uma realidade que atinge a igreja de Deus, mas é preciso desenvolver soluções para que minimize ao máximo os impactos negativos da sociedade na igreja.

Isso não impede por mais humilde que a igreja seja de que ela não invista em um ambiente agradável, limpo e bem ordenado para os seus membros.

Deus merece o melhor, e nem sempre este melhor é o luxo, ou o mais caro, mas é aquele que posso dentro das minhas possibilidades ter como igreja.

Bancos de boa qualidade, microfones, paredes pintadas, local arejado, estrutura que respeite as normas de segurança do local de culto é básico.

É importante ter um lugar agradável para o culto a Deus, mas um ambiente agradável também pode ser feito por pessoas acolhedoras.

As paredes são detalhes, abrace o jovem, faça com que eles se sintam atraídos pela igreja (você). Se tiver como ter uma sala só para eles, é fantástico, isso gera autonomia e prazer em estarem ali.

Uma igreja que faz junta panela, que se reúne para trabalhar, que envolve os membros na missão, que perdoa e ama, fica fácil querer ficar. Ninguém, na maioria das vezes, não deixa uma casa quando ela está boa, onde as pessoas estão felizes, ninguém vai embora quando tem amor. Crie um ambiente cujas pessoas sejam janela, teto, portas e o amor para quem se abrigar nela. Afinal você é a igreja!

7. Estude a bíblia

Deus fala conosco de três modos, através da:

• Consciência;

• Natureza;

• Bíblia.

Ambas são importantes, mas quando a natureza falhar e a consciência se corromper, fique com a bíblia. Ela é a norma infalível de fé e prática do cristão, a base do viver sadio.

Trata-se de um best-seller que passou pelos anais da história e chegou até o século XXI como livro controverso para alguns e a solução de vida para outros.

Hoje um dos maiores desafios é ser cristão no século XXI e se nós não tivermos de maneira clara nossa missão não entenderemos o nosso futuro.

E o nosso futuro foi preservado com sangue, papel e tinta, Cristo escreveu a tua vitória na bíblia sagrada.

Avancemos como com fé: como vendo o invisível. Hebreus 11:27

A tua palavra é uma lâmpada que ilumina os meus passos e luz que clareia o meu caminho. Salmo 119:105

Como pode o jovem manter pura a sua conduta? Vivendo de acordo com a tua palavra. Eu te busco de todo o coração; não permitas que eu me desvie dos teus mandamentos. Guardei no coração a tua palavra para não pecar contra ti. Salmos 119:9-11

Jovens, eu escrevi a vocês, porque são fortes, e em vocês a Palavra de Deus permanece, e vocês venceram o Maligno. 1 João 2:14

É importante tratar com mais seriedade o estudo da Bíblia, é essencial ensinar aos jovens amor ao livro sagrado. Ensine como defender a sua fé, como desenvolver amor a Deus e amor ao próximo.

Toda a Escritura é divinamente inspirada, e proveitosa para ensinar, para redarguir, para corrigir, para instruir em justiça; para que o homem de Deus seja perfeito, e perfeitamente instruído para toda a boa obra. 2 Timóteo 3:16,17

Os jovens precisam aprender amar em primeiro lugar ao Deus da Bíblia, faça deles diligentes estudantes das escrituras.

Que memorizem versículos, que reconheçam na história aquilo que a profecia já previu e confiem.

Na Babilônia antiga, nós encontramos a história de Azarias, Misael e Ananias, jovens hebreus que não se curvaram diante da estátua do rei Nabucodonosor. Daniel 3:16-18

Antes estes jovens foram um exemplo de fidelidade e fé para o mundo inteiro, e protagonizaram uma das cenas mais incríveis do antigo testamento.

Aos fiéis Deus não promete livrar-nos da fornalha, mas promete estar com eles dentro da fornalha. Algumas dicas para você motivar os o estudo da bíblia entre os jovens:

- Realize concursos da bíblia;
- Incentive o estudo da lição;
- Faça grupos de estudo apenas para jovens;
- Incentive a memorizar pequenos trechos da bíblia;
- Faça uma lista de apps bíblicos para usarem;
- Realize testes de conhecimento bíblico;
- Grave vídeos e envie para os grupos;
- Faça o ano bíblico com toda a igreja.

8. Estabeleça metas

Estabelecer metas relacionadas ao crescimento da igreja é essencial, não para limitar as ações de Deus, mas para que mantenhamos o foco. Na maioria das vezes ao frequentarmos uma comunidade cristã corremos o risco de cair na rotina e esquecer:

- Por que estamos aqui?
- Qual é o nosso objetivo como igreja?
- Qual a missão da igreja?
- Quais valores norteiam a igreja?
- Por que ela existe?
- Para que ela serve?
- A quem ela deve servir?

Fazendo assim temos segurança no caminho, Jesus disse:

Eu sou o caminho, a verdade e a vida. Ninguém vem ao Pai, a não ser por mim. João 14:6

Estabeleça metas, estabeleça objetivos, que sejam claros e bem definidos, e que assim o jovem saiba porque está ali.Muitos não são ensinados a pensar por si mesmos, mas quando encontram propósito, tudo ganha significado. Metas não devem apenas existir na vida pessoal ou profissional elas também fazem parte da vida cristã. Objetivos nos ajudam a desenvolver as capacidades e nortear de forma clara nossas conquistas.

9. Ore

A oração é uma atitude honesta do ser humano em abrir o coração a Deus e falar-lhe como se estivesse falando com um amigo. E afinal ele é o nosso melhor amigo, o nosso irmão mais velho, o nosso conselheiro, Deus forte em quem posso confiar.

Oração é uma forma de confessarmos os nossos pecados, de abrir o coração a Deus e de elevar a nossa mente em gratidão através de palavras que só o nosso coração pode expressar.

Portanto, vós orareis assim... Mateus 6:1

Jesus ensinou os seus jovens discípulos a orar, e a oração

deve ser uma constante em nossa mente, Orai sem cessar. 1 Tessalonicenses 5:17

Mas se Deus já sabe de tudo em sua onisciência, por que precisamos orar? Não oramos porque Deus não sabe, oramos porque esta atitude é a resposta do nosso coração a Deus, confirmando que estou disposto a fazer a vontade divina.

Não fique ansioso com nada, mas em tudo, pela oração e súplica com ação de graças, deixe que seus pedidos sejam conhecidos por Deus. Filipenses 4:6

A oração é um dos exercícios mais tradicionais das religiões cristãs, e essa forma milenar é um dos meios mais eficazes de restaurar a alma destruída pelo pecado. Há na bíblia muitos exemplos de jovens que fizeram uso da oração:

- Josué - Josué 10;
- Daniel - Daniel 6:10-13;
- Maria mãe de Jesus - Lucas 1:46-55;
- Davi - Salmos 17:1,2;
- Sansão - Juízes 16: 28-31.

Carecemos de seguir diariamente estes exemplos de fé e comunhão, a oração é tão importante para o cristão, como o ato de respirar.

"A função da oração não é influenciar Deus, mas especialmente mudar a natureza daquele que ora". - Soren Kierkegaard

Este contato nos eleva diante de Deus, e faz com que ele venha até nós e nos abrace dando sabedoria, consolo, instrução e livramentos. A oração pode curar um coração ferido, pode motivar o depressivo, pode trazer esperança ao enfermo e animar o coração despedaçado.Quem nunca ouviu quando criança que a oração é o telefone do céu, e Deus está com o coração aberto para ouvir-nos.

Estarão abertos os meus olhos e atentos os meus ouvidos à oração que se fizer neste lugar. 2 Crônicas 7:15

A ciência reconhece o poder das orações, é comprovado que a oração pode ajudar na recuperação dos pacientes.

Nós cristãos sempre soubemos destes benefícios, por isso ore com os jovens.

Quais os benefícios da oração?

- Conexão com Deus;
- Traz paz e segurança em meio as lutas;
- Conversar com o Divino;
- Fazer pedidos;
- Agradecer por bênçãos;
- Interceder por quem precisa;
- Manifestar reconhecimento;
- Louvar a Deus;
- Encorajar;
- Apaziguar contendas;
- Espantar as trevas;
- Despertarmos para esperança;
- Comunicar vida;
- Acalmar angústias;
- Pedir perdão.

Um exemplo de como precisamos orar pelos jovens, no Brasil em 2017 ocorreram mais de 12.470 acidentes. 892 mortes em 448 cidades e 427 estradas, 378 mortes ocorreram à noite nos finais de semana, 18% das vítimas têm de 18 a 24 anos.

A oração protege e pode livrar, mas vivemos em um mundo onde acidentes ocorrem, e a oração é a forma segura de dizer Senhor, independente do que acontecer confio em ti. Entender que a vontade de Deus é soberana, mesmo que a minha vontade não seja atendida.

10. Jejue

O jejum é um tesouro que parece estar sendo instinto da igreja cristã moderna. Jejuar é abster-se de comida e bebida por algum tempo, somos hoje sufocados pelo fast food, mas Deus convida jovens e adultos a jejuar. Ele é uma das bênçãos mais incríveis para a saúde física e espiritual do cristão.

- Ao jejuar o organismo controla o açúcar no sangue;
- Diminui a resistência à insulina;
- Combate as inflamações do corpo;
- Melhora a saúde cardiovascular;
- Impulsiona as funções cerebrais;
- Previne doenças neurodegenerativas;
- Ajuda na perda de peso;
- Equilibra o processo linfático;
- Lubrifica as articulações;
- Melhora o funcionamento do intestino;
- Acelera o metabolismo;
- Regula a temperatura do corpo;
- Remove toxinas do organismo.

O Nobel de Medicina e fisiologia, Yoshinori Ohsumi, afirma que o jejum faz as células se comerem, isso mesmo. A autofagia é o processo de regeneração natural celular causado pelo stress das células no organismo pela ausência de alimento. Esta autolimpeza previne o surgimento de doenças, e aumenta a longevidade.

Estes benefícios são no campo físico, e na área espiritual? As pessoas estão a travar batalhas diárias contra satanás e suas hostes.

Mas esta espécie só sai pela oração e pelo jejum". Mateus

17:21

Mas neste versículo Jesus afirma que há uma espécie de demônio que só sai com a soma de dois remédios, jejum e oração.

Nós, pois, jejuamos e pedimos isso ao nosso Deus, e moveu-se pelas nossas orações. Esdras 8:23

Deus vai atender qualquer oração que ele quiser, mas neste verso Esdras cita o jejum de consagração e busca por orientação divina.

Ainda assim, agora mesmo diz o Senhor: Convertei-vos a mim de todo o vosso coração; e isso com jejuns, e com choro, e com pranto. Joel 2:12

Na bíblia, uma das formas de demonstrar arrependimento era, raspando a cabeça, jejuando, rasgando as vestes, e jogando cinza sobre a cabeça.

E esteve Moisés ali com o Senhor quarenta dias e quarenta noites; não comeu pão, nem bebeu água, e escreveu nas tábuas as palavras do concerto, os dez mandamentos. Êxodo 34:28

Para receber as tábuas da lei, Moisés jejuou.

E, servindo eles ao Senhor e jejuando, disse o Espírito Santo: Apartai-me a Barnabé e a Saulo para a obra a que os tenho chamado. Atos 13:2

Paulo e Barnabé para receberem o Espírito Santo e trabalharem na missão jejuaram.

Vai, e ajunta todos os judeus que se acharem em Susã, e jejuai por mim, e não comais nem bebais por três dias, nem de dia nem de noite, e eu e as minhas moças também assim jejuaremos; e assim irei ter com o rei, ainda que não é segundo a lei; e, perecendo, pereço. Ester 4:16

A rainha Ester, tem em suas mãos centenas de vidas de judeus ameaçados pelo cruel Hamã, e o que ela faz? Jejua e coloca todo o povo para jejuar para que Deus livre ele de seus inimigos.

Apesar do jejum possuir diferentes propósitos, sua principal razão é conectar-se a Deus e renovar o nosso corpo. O jejum e a oração honesta são força para ajudar você e outras pessoas, é uma forma preparatória para receber bênçãos de Deus. O Senhor está perto e fortaleça sua fé com jejum e oração.

11. Missão e os jovens

A origem da palavra missionário, tem origem do latim base do termo grego "apóstolo", que significa "enviado".

Portanto ide, fazei discípulos de todas as nações, batizando-os em nome do Pai, e do Filho, e do Espírito Santo; Ensinando-os a guardar todas as coisas que eu vos tenho mandado; e eis que eu estou convosco todos os dias, até a consumação dos séculos. Amém. Mateus 28:19,20

Incentive os jovens a fazer missão, essa é uma iniciativa religiosa a espalharem a boas novas entre os povos não monoteístas. Todo jovem que ama a Cristo, tem um chamado à missão que arde em seu coração.

Sites cristãos para quem quer viver a missão:

• One Year in Mission – OYiM;

• Fhop base missionária;

• yesHEis Brasil.

Todo verdadeiro discípulo é convidado a promover o reino de Deus como um missionário.

Que esta frase não seja uma realidade na sua vida. Missão não deve acontecer apenas na África, mas em cada atitude do dia a dia do cristão.

12. Diálogo

Diálogo é a conversação entre duas ou mais pessoas. Muitos acreditam erroneamente que "di" significaria "dois", e, portanto, a palavra se limitaria à conversa entre duas pessoas. No entanto, a palavra, que vem do grego, é formada pelo prefixo dia, que significa "por intermédio de", e por logos, que significa "palavra".

É comprovado cientificamente que quando os pais não participam da vida dos seus filhos (a), a criança tende a crescer com um sentimento de insegurança, rejeição, medo e abandono. Estes gatilhos quando ativados podem gerar reações de rebeldia, depressão e desobediência. Um fruto não cai muito longe do pé, os jovens são em muito semelhante aos adultos que o cercam. Em tempos tão corridos e conflitantes, onde o diálogo se tornou escasso, é preciso aprender a ouvir e falar no tempo certo.

Como maças de ouro em salvas de prata, assim é a palavra dita a seu tempo. Provérbios 25:11

Às vezes uma palavra maldita, ou mal colocada pode afastar a pessoa da igreja para sempre. Exercitar o item **OUÇA**, é fundamental, aprender a eloquência do silêncio pode evitar conflitos desnecessários. Temos muitos bons pregadores, com o advento da internet muitos se tornaram famosos, mas você sabia que Cristo dedicou a maior parte do seu ministério para curar e não pregar.

As pessoas estão precisando de cura, precisam ser ouvidas, e respeitadas em suas individualidades. Estabeleça em seu coração o desejo de servir ao outro, e não a si mesmo.

Em um diálogo, seja sábio, ouça e responda sem raiva, agindo assim temos muito mais a ganhar o coração das pessoas. Um exemplo bíblico de sucesso de diálogo está em João 3, Nicodemos e Jesus. Falamos muito mal dos fariseus (e com razão), mas dentre eles estava um chamado Nicodemos (príncipe dos judeus).

Se Jesus trabalhasse todo diálogo com base no estereótipo desse tipo de líder, não haveria diálogo. Este foi ter de noite com Jesus. João 3:2, ou seja, não queria ser visto com Jesus, mas em seu coração buscava respostas. E o final da história você sabe, se não sabe leia o verso abaixo:

Depois disto, José de Arimatéia (o que era discípulo de Jesus, mas oculto, por medo dos judeus) rogou a Pilatos que lhe permitisse tirar o corpo de Jesus. E Pilatos lhe permitiu. Então foi e tirou o corpo de Jesus. E foi também Nicodemos (aquele que anteriormente se dirigira de noite a Jesus), levando quase

cem arráteis de um composto de mirra e aloés. Tomaram, pois, o corpo de Jesus e o envolveram em lençóis com as especiarias, como os judeus costumam fazer, na preparação para o sepulcro. João 19:38-40

Esse é um dos melhores exemplos de diálogos para salvar, Nicodemos agora não tinha mais vergonha, pois naquela noite teve o privilégio de ter com um mestre um diálogo que o salvou.

Como maçãs de ouro em salvas de prata, assim é a palavra dita a seu tempo. Provérbios 25:11

• Peça sabedoria;

• Não se precipite;

• Ame ouvindo;

• Ame com as palavras.

13. Respeite as individualidades

Você sabia que a sua íris (menina dos olhos) é única em toda terra? Você sabia que suas digitais são únicas, sabia que não existe ninguém no mundo igual a você? Essas são assinaturas que Deus colocou em ti, somos únicos, somos todos iguais mesmo sendo diferentes. Aprenda a amar as individualidades, são personalidades diferentes, gostos diferentes, educação e vivências diferentes.

Um dos maiores erros dos líderes atuais, é querer jovens que funcionem como robôs. Em uma relação saudável deve existir, antes respeito às individualidades, respeito, alegria e forma de ser de cada um. Quando jovem não se sente seguro, nesta questão ele pode até na sua frente se comportar, mas quando estiver sozinho vai ser quem ele é. Atenção, respeite cada indivíduo, trate cada um deles como melhor do que você, pois estes jovens que julgamos como imaturas, podem nos surpreender e ensinar coisas incríveis.

O que funcionou no passado, talvez não funcione mais hoje, os jovens pensam diferente, mas os princípios são os mesmos. E como conciliar isso? Respeite o indivíduo, quem entende isso, ganhará o respeito e a confiança da mocidade. Estudo realizado pelo

Barna Group, detectou que as questões que a igreja deveria discutir com mais frequência, mas são ignoradas na visão de alguns jovens. E estas razões são gatilhos para os jovens e adolescentes cristãos abandonarem a igreja.

• As igrejas são superprotetoras;

• A experiência com o cristianismo é superficial;

• As igrejas e ciência são inimigas;

• Sexualidade são repletos de julgamentos;

• Dificuldade em lidar com a visão exclusiva do Cristianismo;

• A Igreja responde negativamente com os que manifestam dúvidas.

Como resolver isso? Dialogue, ouça, apresente as razões com calma, explique o porquê de cada sim, e o porquê de cada não.

E o Senhor lhes acrescentava diariamente os que iam sendo salvos. Atos dos Apóstolos 2:47

Corrigindo isso tapamos um buraco enorme, e a igreja crescerá. Pois que adianta o Espírito Santo ir acrescentando membros se não fomos deixando eles saírem pela porta da frente.

14. Acabe com as panelinhas

Este é o termo pejorativo para se referir a grupos dentro da igreja. É certo que desenvolvemos afinidades com pessoas e tendemos a nos ligar a elas, e isso é natural do ser humano. Somos seres sociáveis, e queremos a companhia um do outro, mas o problema é quando excluímos quem precisa ser abraçado. A igreja ideal é inclusiva, abraça a todos, com suas dificuldades e lutas, e não exclui. Preguei em um acampamento e notei um jovem sozinho, como um dos líderes do encontro, tendo na mente o pensamento de sempre acolher, fui falar com ele.

E ele me disse que era homoafetivo, que não foi não foi convidado por ninguém, mas estava ali no acampamento da igreja para fugir das festas de carnaval. Foi por conta própria, ninguém interagiu com ele além de mim, simplesmente em uma reunião com mais de 200 pessoas esta ovelha foi rejeitada.

Era um jovem muito inteligente, professor dotado do saber bíblico incomum, me disse que estava ansioso para ser salvo. Estava estudando a Bíblia, mas que tinha dúvidas, e estava lutando contra os seus maus comportamentos.

Porquanto o Filho do homem veio buscar e salvar o que estava perdido. Lucas 19:10

Se você é um líder cristão de verdade, você deve acolher, dar amor e testemunhar, o restante Deus cuida. Cristo é o nosso maior exemplo, apesar de ter seu grupo, os doze discípulos, tinha em sua família pessoas que cometeram crimes, mas acolheu e deu oportunidade de arrependimento, transformação e salvação para todos.

- Zaqueu - Ladrão;
- Pedro - Impulsivo;
- Judas - Traidor;
- Davi - Adúltero e mandante de um crime;
- Raabe - Prostituta;
- Paulo - Perseguidor da Igreja;
- Mulher Samaritana - Infeliz;
- Ananias e Safira - Mentirosos;
- Elias - Desejou a morte;
- Tomé - Incrédulo;
- Sansão - Desprezou a vontade de Deus.

Mas a esperança chegou a todos estes, e vai chegar em quem você sonha ver no reino de Deus, cuide de você e sua vida com Deus.

E esta mesma esperança há de checar a todo ser humano, que precisa ter em si restaurado a imagem e semelhança de Deus.

15. Não desista!

Não temas, porque eu sou contigo; não te assombres, porque eu sou teu Deus; eu te fortaleço, e te ajudo, e te sustento com a destra da minha justiça. Isaías 41:10

Desafio de hoje: Das 15 ações que aprendemos, escolha 3 delas e no próximo encontro proponha uma discussão com os seus jovens sobre os pontos escolhidos.

Missão dada é missão cumprida [ ]

Fontes
https://bbc.com/portuguese/geral-44029045
https://pt.wikipedia.org/wiki/Di%C3%A1logo

O QUE A BÍBLIA DIZ PARA OS JOVENS?

Considero as Escrituras de Deus como sendo a filosofia mais sublime. Eu encontro mais marcas de autenticidade na Bíblia do que em qualquer história profana, seja qual for. - Isaac Newton

A Bíblia contém 66 livros, 1189 capítulos e está dividida em duas partes básicas, chamadas de Antigo e Novo Testamentos. Nós os cristãos acreditamos que Deus é o autor da Bíblia, porém permitiu que o homem a escrevesse. Sabemos que essa biblioteca incrível com é na realidade o manual da felicidade do homem criado por Deus.

20 motivos porque ler a Bíblia

Por que ler a Bíblia? Você já se perguntou isso? importância de ler a bíblia e cada versículo da bíblia. Como cetico, me fiz esta pergunta e procurei de maneira razoavel perceber os efeitos de estudar a bíblia na minha vida. A Bíblia é o conjunto de livros que relatam fatos históricos que não podem ficar fora da sua lista de leitura.

Para alguns um livro polêmico, mas para outros guia de manual e fé prática, como documento histórico a Bíblia não pode ser ignorada. Para algumas pessoas trata-se de um livro antigo e sem conexão com a modernidade, mas será que isso é verdade? Muitos têm essa impressão porque não sabem qual a maneira correta de ler a bíblia, ou leem cheios de pré julgamentos. Mesmo como documento histórico ela possui regras de entendimento dos seus símbolos.

Porque é importante ler a Bíblia diariamente?

Porque ela é a principal fonte de ensino da fé cristã judaica, com uma base linguistica de epoca composta por poesias, histórias, músicas, arte, profecia e filosofia. É uma base segura de conhecimento antigo e comtemporaneo para dar sabedoria e ser a regra de fé da vida devocional de todo cristão ou não.

Porque ela é um documento histórico.

Merece ser lida porque é um documento histórico, validado por arqueólogos, cientistas e historiadores. Dr. Lawrence Mykytiuk, acadêmico, especialista em história do Antigo Israel, publicou pesquisa sobre personagens da bíblia, confirmados pela arqueologia. Na pesquisa aparecem cinquenta personagens bíblicos confirmados pela história da antiguidade.

Personagem	Ano	Registro bíblico
Rei Xerxes I	486–465	Esther 1:1
Rei Senaqueribe	704–681	2 Reis 18:13
Rei Davi	c. 1010–970	1 Samuel 16:13
Rei Azarias	788/787–736/735	2 Reis 14:21
Sisaque Pharaoh	945–924	1 Reis 11:40
Rei Acabe	873–852	1 Reis 16:28
Ciro II Rei	559–530	2 Crônicas 36:22

Sem contar lugares e objetos, achados históricos espalhados por museus ao redor do mundo Essa e milhares de outras pessoas estão espalhadas em museus, onde você pode fazer a visita virtual, acesse gratuitamente.

- Museu da bíblia, site do museu: sbb.org.br/museu-da-biblia
- Museu Britanico, site do museu: visitbritain.com
- Egípcio, site do museu: gem.gov.eg
- Museu de Arquologia Bíblica, site do museu: unasp.br/lp/mab
- Museu do Vaticano, site do museu: museivaticani.va
- Louvre, acesse o site do museu: louvre.fr/en

- Museu da Acrópole, site do museu: theacropolismuseum.gr

Porque ela é a base de leis e regras humanas

O Código Penal Brasileiro é o conjunto de leis e regras sistemáticas com fim punitivo. Ele tem como finalidade a aplicação de sanções em concomitância à desestimulação da prática de crimes contra a sociedade. Assim como o código penal visa proteger o cidadão, a bíblia também o faz, e a construção do Código Penal Brasileiro, tem como influência base a bíblia sagrada. Lembrando que nem todos os mandamentos tinham foco punitivo, um exemplo clássico são os dez mandamentos. Por exemplo, no antigo testamento, existia o código penal bíblico, a bíblia aponta 12 tipos de crimes com condenação.

Roubo: Código Penal

Roubo – Art. 157: Reclusão, de 4 (quatro) a 10 (dez) anos, e multa.

Bíblia Sagrada

Êxodo 22:6: "Se alguém levar seu rebanho para pastar num campo ou numa vinha e soltá-lo de modo que venha a pastar no campo de outro homem, fará restituição com o melhor do seu campo ou da sua vinha

Sequestro

Art. 159: "Se o sequestro dura mais de 24 (vinte e quatro) horas, se o sequestrado é menor de 18 (dezoito) anos, ou se o crime é cometido por bando ou quadrilha: Pena – reclusão, de 12 (doze) a 20 (vinte) anos. Se do fato resulta lesão corporal de natureza grave: Pena – reclusão, de 16 (dezesseis) a 24 (vinte e quatro) anos. Se resulta a morte: Pena – reclusão, de 24 (vinte e quatro) a 30 (trinta) anos".

Êxodo 21:16: "E quem cometer um rapto – quer o homem tenha sido vendido ou ainda se encontre prisioneiro em suas mãos – será morto"

Para mais detalhes sobre o assunto, acesse Código Penal Bíblico versus Código "Penal" Brasileiro.

Porque pessoas deram suas vidas por ela

Certamente você nunca ouviu alguém falar que deu a sua vida para proteger as obras de shakespeare ou machado de assis.

Mesmo a custas de morte e perseguição, muitas pessoas estavam dispostas a dar a suas vidas para proteger o livro.

Revolução Francesa x Bíblia

Não muito depois, seguiu-se a queima pública da Escritura Sagrada. Em uma ocasião, "a Sociedade Popular do Museu" entrou no salão da municipalidade, exclamando: "Vive La Raison!" e carregando na extremidade de um mastro os restos meio queimados de vários livros, entre os quais breviários, missais, e o Antigo e Novo Testamentos, livros que "expiavam em grande fogo", disse o presidente, "todas as loucuras que tinham feito a raça humana cometer". – Journal de Paris, 14 de novembro de 1793 (nº 318). O Grande Conflito

John Hus

John Hus, o reformador que negou-se a cumprir a exigência da Igreja Católica Romana, e no dia 6 de julho de 1415, foi morto na fogueira.

William Tyndale

formado em Oxford, poliglota, falava 7 idiomas, no ano de 1523, ele pediu permissão ao bispo de Londres para traduzir o Novo Testamento, mas recebeu um monossilábico não.

Foi acusado de heresia em agosto de 1536 e queimado na fogueira algumas semanas depois.

Os Valdenses

Os valdenses, também chamados de valdensianos, são uma denominação cristã ascética que teve sua origem entre os seguidores de Pedro Valdo por volta de 1173, em Lyon, na França. Caracterizavam-se por fazer votos de pobreza e de desapego às coisas materiais.

Foi considerado um povo herético pela Igreja a partir de 1184, suas pregações faziam fortes críticas ao clero e às posturas divergentes contrárias à bíblia. O Massacre de Mérindol ocorreu por ordem do rei Francisco I da França, para que os valdenses da cidade de Meridol, fossem punidos por atividades religiosas. Wikipédia

Raciocínio simples, ninguém daria a sua própria vida por um livro comum, a mudança sofrida por estas pessoas foi tão impactante que estavam dispostas a morrer pelo ideal. E foi extamente isso que ocorreu, encontraram uma razão pela qual viver e morrer.

Porque quero conhecer mais sobre Deus

Em especial os 4 evangelhos são relatos fascinantes do Deus que se fez homem e habitou entre nós. As frases de Jesus, o seu jeito de pensar e agir, fazem dele o personagem principal da história da humanidade.

Sua capacidade de liderança, sua humildade e sabedoria, são dignas de uma sublimidade que vai além da compreensão humana.

E toda a bíblia é dedicada a revelar a história de amor deste Deus por suas criaturas.

Controverso para alguns e a luz do mundo para outros, nos anais da história ele foi o único Deus que deu a sua vida por sua criação

Apocalipse significa revelação de Jesus, e a bíblia como um todo é o documento histórico da vida, morte e vitória eterna deste Deus.

Quer saber mais sobre Deus e as suas revelações? Estude a bíblia ela é o livro de Deus.

Porque quero conhecer mais sobre mim

A máxima socrática conhece-te a ti mesmo, é uma daquelas questões existenciais que mexem com a nossa cabeça. E por ser uma autoridade ao contar a história da humanidade, e se envolver com questões filosóficas, científicas e religiosas, a bíblia é uma fonte de conhecimento humano.

Encontramos personagens como o Rei Salomão, o homem mais sábio e mais rico da bíblia, autor dos livros de Provérbios e Eclesiastes. Seus livros são uma fonte inesgotável de autoconhecimento, para quem busca desenvolvimento e autoconhecimento mental, espiritual e físico a bíblia é um guia prático.

Porque ela me dá esperança

Em tempos tão turbulentos onde a humanidade carece de amor e atenção, a bíblia é uma fonte rica de versiculos de gratidão.

Esperança vai além do que vemos, é aquele sentimento de quem espera alcançar aquilo que parecia impossível. E a bíblia está repleta de versículos de motivação e esperança. Por isso não tema, pois estou com você; não tenha medo, pois sou o seu Deus. Eu o fortalecerei e o ajudarei; eu o segurarei com a minha mão direita vitoriosa. Isaías 41:10

> *Por isso, vos digo: não andeis ansiosos pela vossa vida, quanto ao que haveis de comer ou beber; nem pelo vosso corpo, quanto ao que haveis de vestir. Não é a vida mais do que o alimento, e o corpo, mais do que as vestes? Observai as aves do céu: não semeiam, não colhem, nem ajuntam em celeiros; contudo, vosso Pai celeste as sustenta. Porventura, não valeis vós muito mais do que as aves? Mateus 6:25-26*

◆ ◆ ◆

Ainda que a figueira não floresça, nem haja fruto na vide; o produto da oliveira minta, e os campos não produzam mantimento; as ovelhas da malhada sejam arrebatadas, e nos currais não haja vacas, 18 todavia, eu me alegrarei no Senhor, exultarei no Deus da minha salvação. Habacuque 3:17-19

Porque pessoas foram transformadas por ela

Ao ler a bíblia, você encontrará uma lista grande de pessoas que foram transformadas pelo poder da palavra sagrada. E certamente você conhece alguém, famoso ou não que teve a sua vida completamente transformada, para o bem ao ler a bíblia.

Porque fico mais inteligente

O que acontece se eu ler a Bíblia todos os dias? Você fica mais inteligente, não acontecerá uma mágica. A riqueza poética, histórica, profética, divina e humana da bíblia, revela a sabedoria de Deus em todas as áreas da vida.

A bíblia é um livro que fala sobre tudo, dinheiro, sexo, família, sociedade, comportamento, amor ágape, amor eros, amor philia e apresenta valores aternos. Valores e princípios que aumentam a minha visão de mundo.

Porque ela me inspira a ser melhor

Ao olhar a vida de Jesus e a vida das pessoas que ele transformou, não posso desejar outra coisa que seja ser alguém melhor que sou. Fazer a cada manhã o devocional é receber informações que vão me fazer alguém mais feliz e completo.

Porque ela contém profecias que aconteceram

Se isolar apenas a vida de Jesus de todo cânon bíblico, e

estudássemos afinco seu exemplo de vida, o mundo seria um lugar diferente. Mas mais que isso tudo o que aconteceu na vida do menino Jesus, foi profetizado.

Porque um menino nasceu, um filho se nos deu, e o principado está sobre os seus ombros, e se chamará o seu nome: Maravilhoso, Conselheiro, Deus Forte, Pai da Eternidade, Príncipe da Paz" Isaías 9:6.

◆ ◆ ◆

Eis que a virgem conceberá, e dará à luz um filho, E chamá-lo-ão pelo nome de EMANUEL, Que traduzido é: Deus conosco. Mateus 1:23

Quem escreveu a bíblia sabe o fim desde o princípio, e quer nos motivar a provar e ver que ele é bom. Um livro que preve o futuro de nações como Daniel 2 deve ser respeitado.

Porque ela é uma obra de arte

Desde os pergaminhos do mar morto, passando pelos grandes rolos judaicos, e chegando até nós no formato de livros e apps ela é a mais pura arte.

Como podem homens em épocas diferentes, em reinos distantes e complexos, falarem a mesma coisa?

Desenharam e esculpiram em rochas as verdades que encantaram artistas especialistas em arte sacra como Michelangelo, Leonardo da Vinci, Diego Velázquez, afirmam isso.

Porque me identifico com os seus personagens

Quem nunca se viu representado em Davi, vencendo Golias, qual a menina nunca se viu representada na Rainha Ester como princesa. Personagens marcantes como Noé, José, Sansão, Moisés,

Maria, Raabe, Rainha de Sabá fazem parte do imaginário comum. Existem pais que são tão envolvidos com os personagens que dão nome bíblicos aos seus filhos. Há uma identificação natural ao viajar pelas histórias da bíblia, as crianças amam as histórias e querem ser os heróis bíblicos.

Porque ela me faz ter saudade de um lugar que não estive

"Olho nenhum viu, ouvido nenhum ouviu, mente nenhuma imaginou o que Deus preparou para aqueles que o amam"; 1 Coríntios 2:9

Ao ler a bíblia, uma das razões é que os leitores são influenciados por um lugar, o céu, e sentem saudade de um lugar que nunca estiveram. Saudade é uma palavra exclusiva do português, mas muito comum ao coração de quem lê a bíblia e lembra do céu.

Porque ela é uma história de amor

Se todas as razões até agora não responderam a questão, porque ler a bíblia? Esta é especial, a bíblia é a história do grande conflito entre o bem e o mal, e conta desde a queda do anjo do mal, e queda do homem. A fascinante história da redenção é a revelação do amor do Deus criador do universo, por suas criadoras.

E mesmo que não siga este é o romance que você não pode deixar de ler.

Porque ela é fonte correção

Toda a Escritura é divinamente inspirada, e proveitosa para ensinar, para redargüir, para corrigir, para instruir em justiça; para que o homem de Deus seja perfeito, e perfeitamente instruído para toda a boa obra. 2 Timóteo 3:16,17

Usada para criar o código penal, a bíblia sagrada é uma fonte rica de correção, ensino e educação para uma sociedade feliz.

Ensino de valores e princípios que norteiam uma vida

feliz como amor, paz, humildade, sabedoria, união e serviço ao próximo.

Serve para orientar o ser humano, educando crianças, aconselhando pais e orientadondo governadores para mudar rumos de nações e povos.

Porque ela me traz paz

Não andem ansiosos por coisa alguma, mas em tudo, pela oração e súplicas, e com ação de graças, apresentem seus pedidos a Deus. E a paz de Deus, que excede todo o entendimento, guardará o coração e a mente de vocês em Cristo Jesus. Filipenses 4:6-8

Uma palavra que traz alegria e paz, faça a experiência, quando estiver angustiado, leia o salmo, 23, 46, 91 ou Mateus 6:25.

Porque através dela tenho comunhão com Deus

Ter comunhão é um substantivo feminino, que significa realização de algo em comum, sintonia de sentimentos e conexão através de versículos sobre oração com Deus. Essa conexão pode acontecer através da:

- Estudo da Bíblia;
- Oração;
- Natureza;
- Testemunho.

Porque ela fala sobre o fim da morte

Muitas pessoas se questionam, existe vida após a morte? pessos que sofrem diuturnamente pela ausência dos seus entes queridos.

E lhes enxugará dos olhos toda lágrima, e a morte já não existirá, já não haverá luto, nem pranto, nem dor, porque as primeiras coisas passaram. Deus que está sentado no trono disse: Eis que faço novas todas as coisas. E acrescentou: Escreve, porque estas palavras são fiéis e verdadeiras. Apocalipse 21:4-5

Porque ela fala sobre dinheiro

Você sabia que uma das palavras mais faladas na bíblia é dinheiro? Sim, uma das razões para lermos a bíblia é que ela ensina gestão financeira e o segredo de uma vida próspera e saudável.

Porque é a verdade para a salvação do homem

A última razão porque lê a bíblia é:

Não me envergonho do evangelho, porque é o poder de Deus para a salvação de todo aquele que crê: primeiro do judeu, depois do grego. Porque não me envergonho do evangelho de Cristo, pois é o poder de Deus para salvação de todo aquele que crê, primeiro do judeu e também do grego. Romanos 1:16

Essas são as razões do por que ler a bíblia, não importa a sua religião ou profissão de fé, este livro une nações e é a palavra de vida.

Separamos alguns versículos da Bíblia que serviram como motivação e inspiração para os jovens.

Sugiro que não faça uma leitura superficial dos versos mas internalise cada um deles.

Versículos da Bíblia para Jovens

Melhor é um jovem pobre e sábio, do que um rei idoso e tolo, que não mais aceita repreensão. Eclesiastes 4:13

"Ninguém o despreze pelo fato de você ser jovem, mas seja um exemplo para os fiéis na palavra, no procedimento, no amor, na fé e na pureza". 1 Timóteo 4:12

"Encoraje os jovens a serem prudentes". Tito 2:6

"A beleza dos jovens está na sua força".
Provérbios 20:29

"Os jovens se cansam e ficam exaustos, e os moços tropeçam e caem; mas os que esperam no Senhor renovam as suas forças". Isaías 40:30

"Não repreenda asperamente ao homem idoso, mas exorta-o como se ele fosse seu pai". 1 Timóteo 5:1

"Já fui jovem e agora sou velho, mas nunca vi o justo desamparado, nem seus filhos mendigando o pão". Salmos 37:25

" O rei fez perguntas aos jovens sobre todos os assuntos nos quais se exigia sabedoria e conhecimento, e descobriu que eram dez vezes mais sábios do que todos os magos e encantadores de todo o seu reino". Daniel 1:20

"Jovens, eu lhes escrevo porque venceram o Maligno". 1 João 2:13

"Como pode o jovem manter pura a sua conduta? Vivendo de acordo com a tua palavra". Salmos 119:9

"O Senhor, porém, me disse: "Não diga que é muito jovem. A todos a quem eu enviar você irá e dirá tudo o que eu lhe ordenar". Jeremias 1:7

"E, depois disso, derramarei do meu Espírito sobre todos os povos. Os seus filhos e as suas filhas profetizarão, os velhos terão sonhos, os jovens terão visões". Joel 2:28

A esses quatro jovens Deus deu sabedoria e inteligência para conhecerem todos os aspectos da cultura e da ciência. E Daniel, além disso, sabia interpretar todo tipo de visões e sonhos. Daniel 1:17

"Alegre-se, jovem, na sua mocidade! Seja feliz o seu coração nos dias da sua juventude! Siga por onde seu coração mandar, até onde a sua vista alcançar; mas saiba que por todas essas coisas Deus o trará a julgamento". Eclesiastes 11:9

"Jovens, eu lhes escrevi, porque vocês são fortes, e em vocês a Palavra de Deus permanece e vocês venceram o Maligno". 1 João 2:14

"Fuja dos desejos malignos da juventude e siga a justiça, a fé, o amor e a paz, com aqueles que, de coração puro, invocam o Senhor". 2 Timóteo 2:22

"Lembre-se do seu Criador nos dias da sua juventude, antes que venham os dias difíceis e se aproximem os anos em que você dirá: "Não tenho satisfação neles". Eclesiastes 12:1

"Da mesma forma, jovens, sujeitem-se aos mais velhos. Sejam todos humildes uns para com os outros, porque, Deus se opõe aos orgulhosos, mas concede graça aos humildes". 1 Pedro 5:5

"Pois tu és a minha esperança, ó Soberano Senhor, em ti está a minha confiança desde a juventude". Salmos 71:5

"Desde a minha juventude, ó Deus, tens me ensinado, e até hoje eu anuncio as tuas maravilhas". Salmos 71:17

"Não te lembres dos pecados e transgressões da minha juventude; conforme a tua misericórdia, lembra-te de mim, pois tu, Senhor, és bom". Salmos 25:7

"Afaste do coração a ansiedade e acabe com o sofrimento do seu corpo, pois a juventude e o vigor são passageiros". Eclesiastes 11:10

"É bom que o homem suporte o jugo enquanto é jovem". Lamentações 3:27

Guardei no coração a tua palavra para não pecar contra ti. Salmos 119:11

"Filhos, obedeçam a seus pais no Senhor, pois isso é justo. "Honra teu pai e tua mãe" este é o primeiro mandamento com promessa". Efésios 6:1-2

"Pois tu és a minha esperança, ó Soberano Senhor, em ti está a minha confiança desde a juventude". Salmos 71:5

"Lâmpada para os meus pés é tua palavra, e luz para o meu caminho". Salmos 119:105

"Quanto amo a tua Lei! Sobre ela reflito o dia inteiro! Os teus mandamentos me fizeram mais sábio que meus adversários, porquanto estão sempre comigo". Salmos 119:97-98

"Fui moço, e agora sou velho; mas nunca vi desamparado o justo, nem a sua descendência a mendigar o pão". Salmo 37:25

"Ó Senhor, meu Deus, em ti ponho a minha esperança; desde jovem tenho confiado em ti". Salmos 71:5

"Não deixe que nada o preocupe ou faça sofrer, pois a mocidade dura pouco". Eclesiastes 11:10

"Por isso não desfalecemos; mas, ainda que o nosso homem exterior se corrompa, o interior, contudo, se renova de dia em dia. Porque a nossa leve e momentânea tribulação produz para nós um peso eterno de glória mui excelente; não atentando nós nas coisas que se vêem, mas nas que se não vêem; porque as que se vêem são temporais, e as que se não vêem são eternas". 2 Coríntios 4:16-18

Porque é importante ler a Bíblia diariamente?

Porque ela é a principal fonte de ensino da fé cristã judaica, com uma base linguistica de epoca composta por poesias, histórias, músicas, arte, profecia e filosofia. É uma base segura de conhecimento antigo e comtemporaneo para dar sabedoria e ser a regra de fé da vida devocional de todo cristão ou não.

A bíblia é a voz de Deus escrita em papel, saiba como ler a bíblia e entender mais facilmente seus ensinos. E para facilitar a sua busca, listamos 20 motivos por que ler a bíblia, confira!

Desafio de hoje: No próximo encontro com os jovens, motive seu time a memorizar um desses versículos.

Missão dada é missão cumprida [ ]

Fontes
https://pt.wikipedia.org/wiki/Valdenses
https://www.cla.purdue.edu/directory/profiles/lawrence-j.-mykytiuk.html
http://www.planalto.gov.br/ccivil_03/decreto-lei/del2848compilado.htm

ASSUNTOS PREFERIDOS DOS JOVENS CRISTÃOS

Pois a boca fala do que está cheio o coração. Mateus 12:34

Quais os assuntos preferidos dos jovens cristãos, saber abrir diálogo inteligente e sem preconceito com os jovens é fundamental para ganhá-los.

Por esta razão separamos 12 assuntos preferidos dos jovens cristãos, trata-se de temas para roda de conversa com os jovens que eles necessitam ouvir. São temas que interessam a juventude e podem ser explorados em um debate ou preleção dentro das escolas, comunidades e igrejas. Vamos auxiliá-lo na escolha do melhor tema de palestra motivacional para jovens, em especial os seguidores de Cristo.

A juventude é sem dúvida uma das fases mais importantes da vida e aconselhá-los e oferecer suporte emocional em suas decisões é essencial. E por esta razão explorar estes temas para roda de conversa com jovens evangélicos é importante em tempos de transformação. Através de palestras podemos oferecer saúde emocional e física para os jovens cristãos.

Eles são filhos de Deus e merecem nossa atenção, devem estar preparados para receber o Espírito Santo.

Assuntos prediletos dos jovens cristãos simplificado
Principalmente, neste texto vamos facilitar os assuntos que os jovens gostam e motivá-los a aprender e a lidar com cada um deles. Alguns desses assuntos são temas polêmicos para debate entre jovens cristãos e por esta razão é preciso estar preparado para abordá-los.

O objetivo de uma palestra motivacional deve ser comunicar, e saber o que ensinar para os jovens cristãos vai além do que queremos que eles saibam. A base de nossa estrutura ao palestrar para os jovens é estruturada em cinco colunas, são elas:

- Informar;
- Prevenir;
- Conscientizar;
- Educar;
- Motivar para a prática.

Precipuamente, saber como abordar os assuntos preferidos dos jovens, principalmente os temas para encontro de jovens delicados é fundamental, por isso anote e aprenda tudo sobre os assuntos prediletos dos jovens cristãos.

1. Bíblia

Os estudos bíblicos para jovens com temas atuais são fundamentais para o fortalecimento da visão do jovem cristão, pois aumenta a sua fé através do estudo da bíblia. Mas é muito mais eficaz para desfazer crenças limitantes sobre alguns pontos de vista bíblico.

É sabido que a bíblia é o livro mais vendido em toda a história da humanidade, amado por uns e odiado por outros segue transpondo o tempo.

De acordo com a tradição cristã mais aceita, a Bíblia foi escrita por 40 autores, é um compilado de 66 livros, escritos em hebraico e grego, com relatos históricos, compilados poéticos e proféticos. Os evangelhos relatam a vida e as ações de Jesus, seguidos pelos Atos dos Apóstolos e cartas paulinas, finalizando com o livro da revelação o Apocalipse, traduzida para mais de 2935 idiomas.

Se passaram mais de 1600 anos, acreditasse que foi escrita entre 1500 a.C e 450 a.C e impacta a vida de todos os seguidores de todas as eras do cristianismo. Conhecida também como o livro sagrado, palavra de Deus para jovens, norma de regra e fé e prática, livro da lei, torá e etc.

Os jovens cristãos amam estudar a bíblia pois trata-se de um livro que propõem explicar a origem da existência humana. Estimula a busca por fatos históricos, mexe com a criatividade, desperta a curiosidade por fatos misteriosos, sobrenaturais, como a história de reis como Nabucodonosor, rei da Babilônia e, Faraó o soberano, atribuição feita aos reis no Antigo Egito.

Fato é que os temas bíblicos para jovens devem ganhar uma roupagem atual sem perder os princípios base da fé.
A bíblia é com certeza um dos assuntos preferidos dos jovens amantes do cristianismo e vale a pena investir no tema. Bíblia Sagrada o Livro sacro dos Cristãos

2. Sexo antes do Casamento
A maioria dos cristãos bíblicos tradicionais defendem o sexo apenas depois do casamento. E a pergunta que mais se ouve entre os jovens é, Sexo antes do casamento é errado? E o tema sexo deve ser discutido com os jovens de forma atual e informativa com o fim de protegê-los.

Sobretudo, os jovens em modo geral sofrem com o "peso" do assunto, sem contar as inúmeras mensagens de sexo livre que acabam gerando problemas mais sérios. Tendo em vista um assédio contínuo aos jovens sobre o assunto, sexo, os meios de comunicação exageram e promovem a sexualidade precoce, e não dão a mesma ênfase na responsabilidade e os danos que isso pode acarretar.

O sexo sem compromisso causa danos nocivos a saúde a e mente e é refletido nos altos índices de doenças mortais e sexualmente transmissíveis. O tema requer muita atenção e deve ser estudado, debatido e explicado dentro de cada contexto com informações verídicas, dados científicos através de palestras para os jovens.

"Gravidez na adolescência: O Brasil está acima da média latino-americana quando o assunto é gravidez na adolescência e DSTs, pensar que a cada 1000 adolescentes brasileiras entre 15 e 19 anos, 68,4 ficaram grávidas é uma situação preocupante".

Por isso falar sobre de temas como sexualidade e suas consequências, álcool e como é o sexo na era moderna, será de essencial importância para a saúde mental e física dos jovens.

O Brasil bateu recorde na concentração de novas infecções por HIV: 49% das pessoas contaminadas, em 2016, eram brasileiras. Saiba mais sobre o Programa Conjunto das Nações Unidas sobre HIV/AIDS (UNAIDS) que promove constantemente informações sobre o assunto.

O dado é alarmante, entretanto, o maior número de ocorrências está entre jovens de 15 a 24 anos. Por isso falar sobre doenças sexualmente transmissíveis, efeitos do sexo sobre a mente, compromisso e responsabilidade é fundamental. Que este assunto seja tratado em igrejas, escolas em casa e universidades, que a sociedade crie ações com o poder público para proteger e cuidar da saúde dos jovens. Você pode promover uma palestra para jovens e ampliar as informações sobre prevenção e saúde com foco no assunto.

3. Depressão
Afirmações como cristão não ficam deprimido, depressão é frescura, ou depressão é possessão demoníaca, não cabem mais nesta época.

Hoje são mais de 322 milhões de depressivos diagnosticados no mundo, e os números são o indicativo que precisamos falar sobre.

Depressão em algumas comunidades cristãs ainda é tabu e tratado como loucura, se bem que muitas igrejas tem se especializado para ajudar os jovens a entender suas emoções e saber lidar com elas.

E este assunto deve ser abordado com todos, inclusive os jovens, pois também são vítimas da doença, bem como de transtornos como o narcisismo.

A juventude tem uma série de dilemas, é uma fase brilhante mas é também uma época de transições para alguns muito difícil, recheada de crises emocionais, conflitos existenciais e familiares.

Época de perdas e os jovens enfrentam uma série de situações conflitantes e pressões sociais e o fato de não saber lidar com estes conflitos a depressão pode surgir.

A depressão pode se desencadear devido a um conjunto de fatores circunstanciais e até doenças genéticas.

Este é um dos temas para trabalhar com jovens na escola, abordá-lo com cautela, abrir diálogo e promover informações é preciso.

Nossa equipe promove palestras motivacionais para depressivos, veja o que os jovens dizem sobre nossas ações.

4. Masturbação
Masturbação é também um dos temas relacionados à adolescência e mais discutido nos congressos de jovens.
Segundo o dicionário Masturbação é o ato de estimular os órgãos genitais para obtenção de prazer sexual.

E dentro do contexto cristão, a bíblia relata a história de Onã. A lei do levirato era ordenação feita no livro de Deuteronômio 25:5-6 na Bíblia hebraica. Tratava-se de um irmão que devia se casar com a viúva de seu irmão morto e que não tivessem filhos, para suscitar descendência ao irmão morto.

O irmão mais velho de Onã, chamado Er, se casou com uma mulher chamada Tamar. Mas Er seu irmão era perverso, por isso Deus o matou, isso está registrado em Gênesis 38:6-7.

Er não teve filhos, então Tamar foi dada a Onã. Quando Onã se deitava com Tamar, ele derramava o sêmen no chão, para ela não engravidar, porque ele não queria que seu irmão tivesse herdeiros. Então Deus matou Onã também, isto está em Gênesis 38:8-10.

Essencial derrubar tabus e abrir discussão para sanar essa e todas as dúvidas dos jovens. Com ajuda de médicos, psicólogos e psicanalistas as informações podem chegar de maneira sadia aos jovens.

5. Machismo
A bíblia é machista? Certamente não, mas foi escrita em um contexto onde os homens imperavam e as mulheres não tinham o devido valor diante da sociedade.

Hoje sabemos que a mulher está a frente do seu tempo e quer direitos iguais e trato igualitário em todos os segmentos. Já o homem que esteve no controle durante toda a história se vê em um dilema. Nesta fase é importante entender as demandas e posicionar de modo equilibrado a saúde de ambos.

Pois no meio desse tiroteio estão os jovens cristãos que precisam saber como se posicionar diante das minorias como é o caso do feminismo e os grupos LGBT.
É sem dúvida um assunto que gera polêmica, mas que se tratado de maneira mais suave abrindo-se para um diálogo, ambos podem ganhar inclusive os jovens.

6. Casamento
Para os cristãos Deus instituiu o casamento, e para alguns é uma

instituição falida. Fato é que um a cada três casamentos realizados em nosso país termina em divórcio e os cristãos não estão excluídos desses números.

Este assunto está entre o top temas para jovens católicos ou protestantes, ambos grupos amam falar sobre casamento. A vida conjugal tem demandas que a era moderna cobra e não conseguimos dar conta, conflitos relacionais, falta de dinheiro, má gestão emocional, filhos e traumas, são apenas alguns fatores causadores do desquite.

O aumento é contínuo e significativo, tendo em vista, que os divórcios judiciais com sentença de guarda compartilhada dos filhos passaram de 7,5% em 2014, para 20,9% em 2017. E este também é um assunto que deve ser tratado com seriedade pois tem a ver com a identidade inicial do cristianismo.

Deus quando fez Adão e Eva, deu um sinal claro do valor da família e uma palestra para casais pode ajudar. Questionar por que tantos casais escolhem terminar a relação, mesmo depois de terem vivido momentos especiais?
Que efeito têm a separação dos pais sobre os jovens, é importante ouvi-los e encontrar soluções pacíficas para a saúde de todos.

Fale com os seus jovens sobre casamento, há beleza no assunto, importante tirar os ruídos e ensinarem a serem autores da sua própria história. Por incrível que pareça os jovens amam falar sobre casamento, entra entre os principais assuntos preferidos dos jovens cristãos.

7. Namoro
Namoro é algo de grande significado, pois trata-se de uma relação afetiva entre duas pessoas que se uniram por desejar estar juntas e viverem emoções e experiências.
É o tipo de relação que o casal está comprometido diante da sociedade, mas sem estabelecer um vínculo mais "sério" perante as leis

civis do nosso país ou diante do estado religioso.

Perceba, namoro vai além do que ter alguém bacana com um corpo atraente é preciso ensinar os jovens como escolher o seu par. Hoje as crianças iniciam relações muito precoce e pouco se fala sobre as consequências de assim proceder.

Como deve ser o namoro cristão? Qual a idade ideal para namorar? Como ele ou ela deve me tratar? Para que serve o namoro? Ficar é pecado? Responder estas questões é importante pois revelam preocupação com algo que é importante para os jovens.

Em nossas palestras abordamos questões que ajudam com informações práticas que auxiliam os jovens na tomada de decisão. Namoro é sem dúvida um dos temas favorito dos jovens.

8. Suicídio
Precipuamente, o Ministério da Saúde considera problema de saúde pública a questão do suicídio. Segundo dados, a cada uma hora no Brasil uma pessoa se suicida.
E na contramão da tendência mundial que teve uma leve queda na taxa de pessoas que tiraram a sua vida, a taxa de suicídio no Brasil teve aumento de 7% em seis anos.

Dados são da Organização Mundial de Saúde (OMS) o índice médio global teve queda de 9,8%. A OMS contabilizou 6,1 suicídios a cada 100 mil habitantes no Brasil, tendo em média a cada 100 mil habitantes.

É preciso prevenir o suicídio, falar sobre o assunto abertamente e sem preconceitos. O Centro de Valorização da Vida (CVV) realiza eficaz apoio emocional a população e faz um trabalho incrível na prevenção do suicídio.

Atendem de maneira voluntária e gratuita todas as pessoas que precisam conversar e aliviar a dor, o diálogo ocorre em total sigilo

por telefone 188, atendimento por e-mail e chat 24 horas todos os dias.
O estudo e a discussão do tema suicídio é uma das formas mais eficientes de prevenção. A sociedade, os profissionais da saúde, os canais de comunicação e poder público deve juntos propor medidas no combate ao suicídio.
Quer saber como ajudar alguém que está enfrentando o problema do suicídio, leia este artigo e saiba como agir com essas pessoas.

É sem dúvida um dos temas polêmicos para debate entre jovens, salve vidas com a palestra para jovens sobre suicídio, e valorize a vida. Saiba como contratar um palestrante motivacional para sua comunidade cristã e ajudar seus jovens a vencerem o suicídio.

9. Virgindade
Quando falamos de assuntos preferidos dos Jovens Cristãos virgindade não pode ficar de fora. Segundo o dicionário on-line o significado de Virgindade é: o estado ou atributo do que é virgem ('que não teve relação sexual'). Tem sua origem no genitivo virginis, que significa "mulher jovem".

E a cultura cristã preza muito a questão da virgindade tanto para homens quanto para mulheres.

O conceito de virgindade é construído pela sociedade, baseado em critérios biológicos e não é diferente para as comunidades cristãs. É uma das bandeiras do cristianismo moderno, que desenvolve projetos como Eu escolhi esperar que promova ações para ajudar os jovens a se manter puro até o casamento.

10. Pecado
A expressão pecado é comum dentro do universo cristão e representa o mal, ou tudo que é contrário a vontade de Deus, trata-se da desobediência às leis a vontade Divina.
Tem a ver com o ato de errar, ou cometer crime, no sentido de errar ou não atingir um alvo, ideal ou padrão pré estabelecido. Aí

o jovem lê este anunciado sobre pecado e olha para sua vida e se sente o maior dos pecadores. Por não entenderem o contexto real do que Deus mostra na bíblia não compreendem a verdade que pregam.

A educação vem do berço, mas nem todos nasceram em um lar cristão então resgatar valores do cristianismo como graça, perdão é fundamental. E uma palestra para os jovens dinâmica e com abordagem na linguagem deles é essencial para falar do pecado e da cura que em Deus temos. O tema do pecado é comum, por isso explore todos os detalhes em uma palestra motivacional para jovens católicos e protestantes.

11. Família
Uma família feliz é um refúgio que prevalece de pé, mesmo quando as maiores tempestades passam pelas nossas vidas. E por isso este é um assunto especial que devemos abordar com os jovens, precisam de carinhos dos pais e atenção dos responsáveis. Deus é o criador da família e dentro e fora do contexto cristão essa palavra representa muito para o ser humano, é impossível não se sensibilizar diante do assunto família.

Sobretudo, hoje boa parte dos despreparo que vemos nesse eixo é que os jovens não estão sendo preparados para dirigirem suas próprias famílias. Falar de família com os jovens é falar de responsabilidade, compromisso, saúde e felicidade e isso serve para os solteiros. Então, fale com os seus jovens sobre família e invista para que valorizem a sua e reescrevam a história com decisões mais sábias.

12. Homossexualidade
Sobretudo, homossexualidade refere-se à característica de quem sente atração física, estética por outro ser do mesmo sexo. Vivemos em um mundo diverso e preparar os jovens para aprender a lidar com questões adversas é importante. Respeito a quem é diferente e pensa diferente é essencial, pois é um tema que

desperta dúvidas e curiosidades dos jovens.

Cristo pregou o amor à sua lei, mas também pregou o amor ao próximo, aproveite esta oportunidade para amar quem é diferente. Estes são alguns temas para o congresso de jovens evangélicos, são alguns dos principais assuntos preferidos dos jovens cristãos. Escolha o seu temas a prepare a sua palestra de motivação para jovens cristãos.

Fontes

https://www.paho.org/pt/noticias/28-2-2018-america-latina-e-caribe-tem-segunda-taxa-mais-alta-gravidez-na-adolescencia-no
http://www.aids.gov.br/pt-br/noticias/135-mil-brasileiros-vivem-com-hiv-e-nao-sabem
https://www.paho.org/pt/topicos/depressao
https://censos.ibge.gov.br/2012-agencia-de-noticias/noticias/22866-casamentos-que-terminam-em-divorcio-duram-em-media-14-anos-no-pais.html
https://www.paho.org/pt/noticias/17-6-2021-uma-em-cada-100-mortes-ocorre-por-suicidio-revelam-estatisticas-da-oms
https://www.cvv.org.br/

O QUE ACONTECE COM UMA PESSOA QUE SE AFASTA DA IGREJA?

Há pessoas que abandonaram a igreja, mas não a Cristo. Wesley Alves

Observação: Antes de começar a esbravejar ouça, antes de concluir, saiba que o fato de alguém pensar diferente de você, não torna essa pessoa sua inimiga, ela só pensa diferente. A saída da igreja é como um divórcio, nunca é algo que ocorre sem deixar marcas ou causar dor. Há várias razões porque alguém abandona uma determinada igreja. Há pessoas que evoluíram no conhecimento bíblico e encontram a verdade em outra igreja. Mas existem pessoas que saíram feridas e cheias de mágoas em outras ocasiões. Seja ela qual for, na maioria das vezes marcas ficam, mas o mais importante é não perder a conexão com Deus. O ser humano longe de Deus está perdido, corre o risco de fazer coisas que destroem sua mente e corpo, assim como uma pessoa que frequenta os cultos. A igreja é um agente de conexão fortíssimo com Deus, massomente em Deus somos salvos.

Cada indivíduo possui temperamentos diferentes, agem e reagem de maneiras diferentes. Cada situação aperta as pessoas a pedem delas uma reação, e é impossível prever, mas através dos temperamentos é possível evitar problemas e fortalecer laços.

Os 4 Temperamentos

De acordo com especialistas em comportamento humano, existem cerca de quatro temperamentos, conhecidos como **colérico, melancólico, sanguíneo e fleumático**, inclusive, para identificar qual deles uma pessoa possui é essencial que ela se autoanálise e desenvolva o autoconhecimento.

1. Colérico

O temperamento colérico pode ser descrito como quente e seco, isto é, as pessoas identificadas com ele costumam ser mais explosivas, secas e possuem a liderança como um ponto forte. Além disso, são mais práticas, ambiciosas e possuem comportamento dominador.

2. Melancólico

O temperamento melancólico é caracterizado pela timidez, pessimismo e, inclusive, a solidão.

No caso, as pessoas com esse temperamento são mais intensas e leais, além de terem a justiça, nobreza e resistência como um dos comportamentos mais comuns.

3. Sanguíneo

O temperamento sanguíneo é aquele cujas pessoas são alegres e simpáticas, basicamente vivem das emoções, por isso são expansivas, sensíveis e adoram se envolver. As pessoas sanguíneas costumam ser extrovertidas e têm a comunicação como maior virtude.

4. Fleumático

O temperamento fleumático pode ser descrito como calma e concentração, além de envolvimento. Com isso, as pessoas com esse temperamento costumam ser doces, pacientes, além de excelentes observadores, mas são mais indecisos e resistentes às críticas.

Ter conhecimento sobre o que são os quatro temperamentos, inclusive, qual deles te representa é uma forma de observar os seus comportamentos com mais consciência e identificar formas precisas de moldar a sua personalidade de modo a melhorar as suas relações, tanto sociais como a pessoal.

Na maioria das vezes vão agir de acordo com sua personalidade e temperamento. Ou seja, não tem como saber o que acontece com uma pessoa que se afasta da igreja. Precisa levar em conta alguns fatores como temperamento, personalidade, o que a pessoa sofreu ou fez sofrer a comunidade. Às vezes a pessoa cansou da rotina e simplesmente quer desenvolver a sua fé longe da comunidade. Perdeu o prazer de comungar em uma igreja local, enfim, navegamos em um universo de possibilidades.

Às vezes a igreja o repeliu porque não estava de acordo com os interesses da igreja local. O problema é quando julgamos em lugar de amar, acreditamos que alguém ao sair da igreja vai se perder. Há chance de se perder? Sim, mas a mesma estimativa há para quem está na igreja.

Esse pensamento de que A SALVAÇÃO ESTÁ NA IGREJA, é um coceito errôneo, superficial criado na idade média, que perdura até hoje.

E "da" a igreja um poder que ela não tem, que é de se tornar um meio para a salvação. A igreja é você, mas a salvação é só por Cristo. A igreja é um importnate local para ajuntamento de cristãos, mas salvação só em Cristo.

Salvação está em CRISTO, e para todos os que creem nele, o fato de frequentar a igreja nos dias de culto significa que você é um bom membro da igreja e não um cristão. Salvação não é por obras, mas por Cristo, porém essa visão comum na igreja cristã, tem a ver com salvação por obras.

Porque pela graça sois salvos, por meio da fé; e isto não vem de vós, é dom de Deus. Efésios 2:8

Todo intento de adorar a Cristo fora da cruz é idolatria, mas inconscientemente alguns creem assim. - Pregoneiro

Ai de vocês que transformam a casa de Deus em comércio. Vendem seus CDs, vendem seus falsos milagres, vendem suas falsas unções, vendem falsas promessas de prosperidade, enquanto na verdade só vocês têm prosperado. Como escaparão do

juízo que há de vir? Paul Washer

E fizeram da casa de Deus, local de oração, palco para autopromoção e loja para realizar o seu comércio.

Temos a errônea ideia de que só a igreja pode ser salva, e quem não está na lista de membros está perdido.

Porque os filhos deste mundo são mais prudentes na sua geração do que os filhos da luz. Lucas 16:8

Saiba que existe uma igreja invisível, que trabalha diuturnamente pela salvação das almas, sem estar nos meios de comunicação e ganhar os louros da comunidade.

Reservei para mim sete mil homens que não dobraram os joelhos diante de Baal. Romanos 11:4

Não estamos a dizer que há vida boa longe de Cristo e sua igreja, mas que podemos correr o risco de acreditar que somos salvos porque vamos à igreja. Longe de Cristo não há felicidade, alegria há em frequentar a casa do Senhor. Mas oremos e trabalhemos pelas vidas que precisam ser salvas.

Assim, aquele que julga estar firme, cuide-se para que não caia! 1 Coríntios 10:12

Desafio de hoje: Envie um Oi, para alguém que está afastado da igreja, com a seguinte mensagem:

- Oi, tudo bem Fulano (a)?

- Como você está? Passando para dizer que estou orando por você!

Missão dada é missão cumprida [ ]

COMO TRABALHAR COM OS JOVENS?

"Nossa maior fraqueza está em desistir. O caminho mais certo de vencer é tentar mais uma vez". – Thomas A. Edison.

É um grato desafio trabalhar com a juventude, mas é um trabalho que requer paciência, conhecimento e amor ao que se faz.

Estudamos as 15 ações de amor que o líder cristão deve desenvolver com a juventude.

Para gerir estas e muitas outras coisas é preciso ter amor a Deus e amor pelas almas. Dificilmente as ações terão significado se não foram caramelizadas pelo amor.

Ainda que eu falasse as línguas dos homens e dos anjos, e não tivesse amor, seria como o metal que soa ou como o sino que tine. E ainda que tivesse o dom de profecia, e conhecesse todos os mistérios e toda a ciência, e ainda que tivesse toda a fé, de maneira tal que transportasse os montes, e não tivesse amor, nada seria. E ainda que distribuísse toda a minha fortuna para sustento dos pobres, e ainda que entregasse o meu corpo para ser queimado, e não tivesse amor, nada disso me aproveitaria. 1 Coríntios 13:1-3

Existem algumas sugestões que podem ajudar a entender melhor como trabalhar com os jovens.

• Invista na comunhão, oração, jejum, estudo da palavra e testemunho;

• Entenda as necessidades dos jovens;

• Exemplo fala mais alto do que palavras;

- Realize palestras para os pais destes jovens;
- Crie grupos de estudos;
- Faça pequenos grupos pequenos;
- Crie um espaço para os jovens ficarem na igre depois das programações;
- Incentive a igreja a apoiar os jovens;
- Convide profissionais de psicologia para bate papos com os jovens;
- De oportunidade para os jovens ministrar na igreja;
- Culto não é para os jovens é para Deus;
- Invista em novas lideranças; prepare os jovens.

Adoração e literalmente vestir a camisa do evangelho.

Desafio de hoje: Promova um jejum é um momento especial de adoração com todos os seus jovens, envolva a igreja.

Missão dada é missão cumprida [ ]

O QUE OS JOVENS BUSCAM NA IGREJA?

Cristo é tudo, e em todos. Colossenses 3:11

Acredito que a pergunta correta seria, o que a igreja tem para oferecer aos jovens? já discorremos bastante neste livro o que eles buscam na igreja, o que precisamos pensar é:

a) O que eles buscam, estamos verdadeiramente dispostos a dar?

b) Ou só queremos pessoas para que apenas replicam aquilo que acreditamos?

Se sua resposta for a opção b) pode até ter sucesso com alguns, porém não com a maioria. Não espere os jovens virem até você, vá até eles! Se optou pela opção a) parabéns, este é o caminho, os jovens buscam, atenção, diálogo, amor, repreensão e conhecimento de Deus.

Observamos que muitos deles amam a Deus e buscam seguir os mandamentos bíblicos, e querem estar em paz consigo mesmos e com os outros. A religião cristã deve ser para eles um porto seguro, onde ele encontra pessoas para muitas curar as feridas e motivá-los.

Fazê-los crer que os cristãos não só falam da palavra, mas obedecem a palavra, fará com que se alicercem em um porto seguro que a igreja em Deus.

Seja um vivo exemplo de santidade e do que Cristo quer que sejamos. Lembra da pesquisa da Lifeway Research? Onde 32% dos jovens se afastam por ter a percepção que os membros da igreja são hipócritas ou julgadores? O que os jovens buscam na igreja? Ver em você, líder, Cristo, preze por isso, pois daremos conta de cada alma que o Senhor nos entregou.

Tua tarefa única na terra é esta: salvar almas. - John Wesley

O que os jovens buscam na igreja? Pessoas que sejam semelhantes a Cristo.

Desafio de hoje: Reúna os seus jovens e em uma folha de papel peça para eles anotarem o que eles buscam na igreja. Este exercício te ajudará a entender melhor o que eles querem. *Opcional colocar nome na folha, deixe eles à vontade.

Missão dada é missão cumprida [ ]

Fontes
https://palestraparaprofessores.com.br/

COMO TRABALHAR A FÉ COM OS JOVENS?

Ora, a fé é o firme fundamento das coisas que se esperam, e a prova das coisas que se não vêem.
Hebreus 11:1

Existem muitas formas interessantes de ensinar sobre a fé para os jovens, adolescentes e crianças, mas antes de avançar pegue sua bíblia. Vamos juntod buscar uma melhor compreensão sobre o que é fé.

O que é fé?

Dicionário: Fé é uma palavra que significa "confiança", "crença", "credibilidade". A fé é um sentimento de total crença em algo ou alguém, ainda que não haja nenhum tipo de evidência que comprove a veracidade da proposição em causa. Fonte Significados

E o que a bíblia diz ser fé?

Fé e conhecimento que se fundamentam na esperança da vida eterna, a qual o Deus que não mente prometeu antes dos tempos eternos. Tito 1:2

Tabela sobre a importância da fé

- Como ter fé? Romanos 10:17
- Como deve ser a vida do Cristão? 2 Coríntios 5:7 | Gálatas 2:20
- Como somos salvos? Efésios 2:8-9
- Como ter poder para fazer milagres? Mateus 21:21 | Marcos 11:22,23
- Como agradar a Deus? Hebreus 11:6
- Como ser curado? Mateus 15:28 | Mateus 9:2

- Como vencer o mundo? 1 João 5:4
- O que devemos buscar? 1 Timóteo 6:11
- Como ter conforto? 1 Pedro 5:9
- Como será o fim de quem tem fé? 2 Timóteo 4:7
- Como se proteger das trevas? Efésios 6:16
- Como ter perseverança? Tiago 1:3

Regra base uma fé forte e saudável é desenvolvida pela obediência ao evangelho de Jesus Cristo, ela é a resposta ao amor incondicional. Todos estes itens da tabela e tantos outros podem e devem ser trabalhados com o uso de tecnologias e plataformas que facilitem nosso entendimento.

Não tenha preconceito com as tecnologias, costumo dizer que facas podem cortar pão e ferir pessoas. No caso da internet é a mesma coisa, use a ferramenta para o bem, algumas dicas.

Conte histórias

Conte histórias, ao ouvi-las tendemos a engajar mais com os assuntos que estão sendo tratados. Adeque a mensagem ao meio, foque nas partes mais relevantes, coloque ritmo as suas histórias. Entre no clima, faça pausas, utilize a jornada do herói ao falar sobre os heróis da bíblia. Treine o discurso explore os gestos, a linguagem corporal é fundamental, mantenha tanto com crianças quanto jovens o contato visual. Cuidado com a sua aparência, que o que você veste não fuja ao seu testemunho e compromisso, treine como contornar histórias. Os resultados serão eficazes, perceba que o mundo foi moldado por histórias e elas realmente funcionam com os jovens.

Museus

Os museus guardam muitas histórias sobre a nossa fé, e é uma maneira eficaz de mostrar um mundo novo para a maioria da juventude cristã. Podemos visitar pela internet muitos museus ao redor do mundo.

Lista de museus ao redor do mundo:

- Louvre virtual
- Museu do Vaticano
- Museu Nacional de Antropologia México
- Museu Britânico
- Museu Arqueológico de Atenas
- National Museum of Natural History

Livros

Leia e deixe eles lerem, encontramos uma vasta lista de livros que contam sobre a nossa fé. Invista na aquisição de livros, caso não tenha condições, certamente você tem uma bíblia, improvise direto da fonte, a criatividade é livre.

Vídeos

Há também um universo de conteúdos em vídeos que são bem-vindos e os jovens gostam de aprender através deles. São lições de fé em formato palestras, desenhos, conferências, documentários, filmes e séries. Explore a visão, é um desafio prender a atenção deles, mas se usar a estratégia certa teremos sucesso.

Música

Os jovens são extremamente musicais, que tal ouvir músicas que falem de fé, crie um playlist da sua igreja e espalhe na rede. Há igrejas que oferecem cursos gratuitos para quem quer aprender um instrumento, a música faz parte da história.

Como a história não pode ficar fora da nossa lista de meios para comunicar fé aos jovens. A fé conecta pessoas a Deus, use a criatividade para promovê-la. Como trabalhar a fé com os jovens? Explore os meios para que ouçam a palavra e a fé cresça.

Desafio de hoje: Reúna a igreja e faça uma pesquisa sobre o que eles podem colaborar com base nestes itens acima ou outros conforme a necessidade da igreja, para que os jovens cresçam na fé.

Missão dada é missão cumprida [ ]

O QUE ENSINAR PARA JOVENS CRISTÃOS?

Melhor é um jovem pobre e sábio, do que um rei idoso e tolo, que não mais aceita repreensão".
Eclesiastes 4:13

O que falar para os jovens da Igreja? Há uma lista muito grande do que nós podemos ensinar para os jovens, entre elas está a hermenêutica no processo de compreensão da Bíblia.

Podemos falar sobre o desafio de ser cristão na era moderna, abordar temas sobre saúde mental e como lidar com suas emoções. Listamos mais de 100 sugestões do que podemos ensinar para os jovens, estes itens podem ser usados em temas para culto de jovens.

1. Como compreender a bíblia?
2. O jovem cristão e os desafios da modernidade.
3. Depressão e os jovens, como lidar?
4. Identidade jovem.
5. Como ter intimidade com Deus?
6. Somos jovens de valor.
7. Arqueologia e a bíblia?
8. Jovens: Vocês venceram o maligno.
9. Se Deus sabe tudo, por que orar?
10. O jovem cristão pode ter tatuagem?
11. Gestão financeira para jovens.
12. Como falar com Deus?
13. 7 chaves para a Vida com Cristo.

14. Por que o devocional bíblico é importante?
15. Cristo é real?
16. Ciência e cristianismo podem andar juntos?
17. Como o jovem pode manter puro o seu caminho?
18. Como a fé pode curar?
19. Judeus: Por que guardam o sábado?
20. Como vencer o pecado?
21. O que nossas roupas dizem sobre nós?
22. Como o jovem cristão deve encarar os problemas?
23. Os 5 sentidos e os jovens.
24. Prudência, sabedoria e pureza.
25. O que aprendemos com Sansão?
26. Os 10 mandamentos ainda vigoram?
27. Como devo tratar meus pais à luz da bíblia?
28. DSTs e os jovens cristãos.
29. Sexo antes do casamento, por que escolhi esperar?
30. Quais são os seus dons e talentos?
31. Como descobrir os meus talentos e dons?
32. Quais os sonhos de Deus para mim?
33. Evangelho da prosperidade: A verdade.
34. Como ser um líder jovem?
35. Qual é o meu ministério?
36. Relativismo e Verdade.
37. Como fazer amigos na igreja?
38. Criação x Evolucionismo.
39. Como aprender paciência na era da pressa.
40. Casamento, sexo e namoro para que serve?

41. Como escolher alguém certo para casar-se?
42. A imagem do criador.
43. Como escolher alguém certo para namorar?
44. Como deve ser o namoro do jovem cristão?
45. Pornografia e os seus males.
46. Provérbios a sabedoria do jovem rei?
47. O que aprendemos com os erros de Davi?
48. José: De mimado ao trono do Egito.
49. Como José venceu a tentação?
50. Maturidade, tudo no seu tempo.
51. Eclesiastes: Há um tempo para cada coisa na vida.
52. A igreja e a arca de Noé.
53. Família: Lugar de segurança.
54. Igreja: Lugar de paz ou guerra?
55. Como enriquecer espiritualmente?
56. Como usar a tecnologia para pregar o evangelho?
57. Simplicidade X Tecnologia
58. Quais os efeitos do que vemos na vida espiritual?
59. Nascer na igreja: Benefícios e desvantagens.
60. Como fazer o culto familiar?
61. Vaidade, usos e costumes.
62. Jovens cristãos e os esportes radicais.
63. Como os jovens devem lidar com o sucesso?
64. Liderança jovem: Poder para servir.
65. Os jovens e a liberdade religiosa.
66. O que é mordomia cristã?
67. Missão: Como ser um missionário?

68. Dinossauros à luz da arqueologia bíblica.
69. Missão: Família primeiro campo missionário do jovem.
70. Juventude: O futuro da igreja em risco.
71. 12 tribos e suas características.
72. Adolescentes cristões: Sentinelas de Cristo.
73. Orando a todo tempo. Como assim?
74. 7 dicas para vencer a tentação.
75. Adoração: Sacrifício, serviço e ação.
76. Como aumentar a fé em Deus?
77. Sociedade: Não há por que correr dela.
78. Estudar, orar e testemunhar.
79. Autoestima: descobrindo o valor próprio.
80. Submissão: Como entender o real significado da palavra.
81. Vamos falar sobre as Drogas.
82. Jovens e Adolescentes: Os direitos do jovem cidadão.
83. Como descobrir de vivo um relacionamento abusivo?
84. Pais não provoqueis os vossos filhos.
85. Novas criaturas.
86. Perdão: Como curar a alma?
87. Vamos falar sobre depressão e suicídio sem tabus.
88. O que preciso para ser feliz?
89. Emaús: A solidão da caminhada com Jesus.
90. Isaque: o sorriso da família de Deus.
91. Marcos X Paulo: O que aprendemos com estes discípulos?

92. Enoque: O que é caminhar com Deus?
93. Davi: O pecador e segundo o coração de Deus
94. Viver é servir.
95. Liberdade é igual a responsabilidade.
96. Liberdade para adorar.
97. Caldo de galinha e prudência não fazem mal.
98. Propósito: Servir ou ser servido.
99. O chamado é para todos
100. O que é dom?

Desafio de hoje: Que tal fazer um programa jovem com um destes temas? Escolha um e faça uma programação especial com toda a igreja.

Missão dada é missão cumprida [ ]

COMO MINISTRAR A PALAVRA PARA JOVENS?

E eu, João, sou aquele que vi e ouvi estas coisas. E, havendo-as ouvido e visto, prostrei-me aos pés do anjo que mas mostrava para o adorar. E disse-me: Olha, não faças tal; porque eu sou conservo teu e de teus irmãos, os profetas, e dos que guardam as palavras deste livro. Adora a Deus. Apocalipse 22:8,9

Percebo que alguns pastores e líderes têm desenvolvido um conceito muito superficial referente a comunicação com os jovens. Pensam que a adoração é realizada de acordo aos desejos e gostos da juventude. Todo intendo de adorar a Deus, fora das escrituras é pecado, o humanismo no culto tem sido recorrente em várias igrejas.

E aconteceu ao cabo de dias que Caim trouxe do fruto da terra uma oferta ao Senhor. E Abel também trouxe dos primogênitos das suas ovelhas, e da sua gordura; e atentou o Senhor para Abel e para a sua oferta. Gênesis 4:3,4

O acrifício é como Deus pediu, e não como o meu coração deseja, e as vezes corremos o risco de estar concentrado em nós que sacamos Deus do culto.

E essa atitude muitas vezes é motivada pelos desejos da massa, mas é preciso dar a Deus o que ele pediu.

Confia no SENHOR de todo o teu coração e não te Estribes (apóies) no teu próprio entendimento.

Provérbios 3:5

Qual significado Estribes?
Descansar ou firmar o pé no estribo. 3. Fundamentar-se, apoiar (-se). Mas é preciso voltar atrás, não existe compromisso da igreja com o erro. Bem, alguns pensam assim, do que os jovens mais gostam?

Bons jovens gostam de falar gírias, assistir youtubers que pintam o cabelo, agitação, gritaria, música rock, aventura e emoção. **Lembre-se que é apenas uma ilustração, estejamos abertos para entender o conceito.**

Então tais líderes chegam à conclusão:

Então, vamos falar gírias, gritar, pintar o cabelo, e se vestir e comportar-nos como se fossemos um deles!

- Uhuu, genial, não é?

- Mas o que a bíblia diz sobre?

Desenvolvi um método para servir como regra para que não me esqueça de como falar com os jovens.

O **método PECNMP,** não é uma sigla de algum órgão do governo, mas uma forma de facilitar a lembrança, o que significa:

- Prudência;
- Equilíbrio;
- Conhecimento;
- Não seja insensato;
- Mente no comando;
- Palavra certa.

O sábio de coração é considerado prudente; quem fala com equilíbrio promove a instrução. O entendimento é fonte de vida para aqueles que o têm, mas a insensatez traz castigo aos insensatos. O coração do sábio ensina a sua boca, e os seus lábios promovem a instrução. As palavras agradáveis são como um favo de

mel, são doces para a alma e trazem cura para os ossos. Provérbios 16:21-24

Veja exemplo na prática:

Método PECNMP aplicado ao versículo

Prudente: O conceito geral de alguém que é prudente é aquela pessoa que é capaz de evitar perigos desnecessários, que age com cautela. É equilibrado, sensato, tem paciência, segue regra, é ponderado e calmo.

Equilibrado: Equilibrar aqui não é permear entre bons e maus, mas aquele que promove 100% o conteúdo do bem. Mas que ele venha caramelizado com o doce sabor do amor, da justiça, da verdade.

Conhecimento: Saiba o que está falando, tenha conhecimento de causa antes de abrir a pouco, e quando você achar que sabe tudo, busque mais, pois o conhecimento é uma fonte de vida para quem o tem. Boas ideias precisam ser balizadas por Deus!

Não seja insensato: Olha o resultado de não seguir os passos do sucesso espiritual: mas a insensatez traz castigo aos insensatos.

Mente no comando: O coração (mente) do sábio ensina a sua boca (o que ele vai falar), e os seus lábios promovem a instrução (o que e como falou).

Palavra certa: As palavras agradáveis são como um favo de mel, são doces para a alma (pessoa) e trazem cura para os ossos (linguagem simbólica para cura mental, mas acredito que traz também saúde integral ao corpo).

Líder de mais idade, você não precisa se vestir, ou falar gírias para atrair os jovens, em alguns casos funciona, mas em outros beira o ridículo. Seja autêntico, seja honesto, os jovens vão perceber que você é uma cópia malfeita, do youtuber favorito dele. Deus, em sua sabedoria, deu a você a oportunidade de ser quem você é e pregar para os jovens, e você inventa um personagem?

Sem achismos, siga o plano de Deus para a comunicação, PECNMP. A geração tecnologia ama tudo que é interativo. Em suas pregações e conferências, não deixe que tudo rume para 10 palestras onde ninguém presta atenção.

Uma pesquisa realizada pela Microsoft apontou que o tempo médio de atenção das pessoas adultas caiu de 12 segundos em 2000 para oito em 2013. Mais ou menos 77% dos jovens de 18 a 24 anos responderam que quando nada prende a atenção deles a primeira coisa que fazem é olhar o celular.

E o tempo de retenção do celular?

<u>Jovens que passam mais de 9h online têm 2,4 vezes mais risco de ansiedade, os dados são da Positivo Tecnologia, o Portal Educacional e a Katru Assessoria em Informação.</u>

As tecnologias devem ser usadas para expandir as boas novas do reino e salvar as nações, faça bom uso. Seja engraçado um cristão com bom senso de humor é fundamental para a saúde integral (mental, espiritual e física).

Mas lembre-se do equilíbrio, para comunicar com os jovens não precisamos descer o nível. Transformar o púlpito em palco de stand-up comedy, não me parece ser algo inteligente. Um rosto sisudo, uma testa frisada, raiva na voz, palavras duras, revelam um outro espírito trabalhando que não o de Deus. Deus é santo, e fogo consumidor, mas também é amor! Que suas palavras sejam temperadas.

A vossa palavra seja sempre agradável, temperada com sal, para que saibais como vos convém responder a cada um. Colossenses 4:6

Como eu devo falar e me comportar? Seja autêntico, domine o que vai falar, e vá direto ao ponto, sem rodeios.

E aí vem a pergunta: será que os jovens vão gostar? E eu te devolvo com outra pergunta, será que João Batista quando disse:

E, vendo-o muitos dos fariseus e dos saduceus que vinham ao seu batismo, dizia-lhes: Raça de víboras, quem vos ensinou a fugir da ira futura? Produzi, pois, frutos dignos de arrependimento e não presumais de vós mesmos, dizendo: Temos por pai a Abraão; porque eu vos digo que mesmo destas pedras Deus pode suscitar filhos a Abraão. E, agora, está posto o machado à raiz das árvores; toda árvore, pois, que não produz bom fruto é cortada e lançada no fogo. Mateus 3:7-12

Jura que você acha que João estava preocupado em saber se iam gostar dele ou não? Esse pensamento revela nossa disposição em fazer com que as pessoas gostem da gente e não do evangelho.

Pregue a verdade, com amor, conhecimento e que as consequências fiquem com Deus.

Desafio de hoje: Aplique o método PECNMP ao capítulo do livro de Tiago 3. E entenda como pode ser prudente, equilibrado, espalhar conhecimento, não ser insensato, manter-se no controle da mente e oferecer a palavra certa, a palavra que cura.

Missão dada é missão cumprida: [ ]

Fontes
https://time.com/3858309/attention-spans-goldfish/
http://qa-tecnologia.educacional.com.br/es/blog-giro-te/relatorio-tecnologia-e-o-jovem/

PARA QUE SERVE UM GRUPO DE JOVENS?

Não é bom que o homem esteja só; farei para ele alguém que o auxilie e lhe corresponda. Gênesis 2:18

Costumo brincar que não é bom que o homem esteja só, se não ele vai fazer besteira, tirando a brincadeira, acredito que é bem isso.

Quando nos conectamos com pessoas do bem, a tendência é seguir o que o grupo está fazendo.

Há exceções, mas na maioria das vezes copiamos nossos pares e replicamos os seus pensamentos, comportamentos e ações. Os grupos de jovens ou células, são importantes, por que estudarmos a palavra de Deus e conecta-nos a princípios eternos

Um outro papel fundamental na questão social dos jovens no grupo é o processo de identificação. Ali ele percebe comportamentos e pensamentos de outras pessoas que são iguais a ele ou pelo menos comungam dos mesmos valores.

Expõem as suas ideias e é avaliado por outros que como ele estão se percebendo no mundo e buscando referências e se construindo. Lembrando que já chegam à igreja "educados" pela família.

Os grupos também são uma forma do jovem obter conhecimento, está engajado em causas e ações beneficentes. Sem contar que nós seres humanos somos sociais, nascemos para estar em grupos e viver em comunidade.

É uma forma sadia de monitorar e orientá-los à luz de boas escolhas. Dentro desse processo de crescimento e conhecimento pense da seguinte forma, os jovens são como flores no jardim de

Deus. Flores que estão em crescimento, e para que cresçam precisam ter terra boa, conhecimento que seja seguro e promova saúde. Esta é a importância do grupo, um grupo que aponta para o caminho de vida, luz e verdade.

Desafio de hoje: Reúna os seus jovens para conversar, brincar e comer pipoca. Não esqueça de orar pelo alimento.

Missão dada é missão cumprida: [ ]

COMO SER UM BOM LÍDER DE JOVENS NA IGREJA?

Também Cristo padeceu por nós, deixando-nos o exemplo, para que sigais as suas pisadas. I Pedro 2:21

Em meu feed de uma rede social, apareceu para mim esta frase. Um verdadeiro líder não cria separação, um verdadeiro líder une as pessoas.

Não compreendo o contexto exato em que a frase foi feita e o autor está sim bem-intencionado, mas aos olhos da bíblia será que isso é verdade?

E isso passa por entendermos o que é um líder de jovens? E como ser um bom líder de jovens na Igreja? Seja exemplo e não um líder que comanda apenas por palavras, liderança incompleta e tal pessoa não está preparada para liderar o povo de Deus.

É preciso dar exemplo, ser exemplo, caso contrário ele será mais um hipócrita dentro da igreja. Que as tuas palavras sejam seguidas por ações! Esteja disponível, o povo no antigo testamento tornou-se grande e Moisés não conseguia mais resolver as questões não estava dando conta.

Então Deus ordenou que estabelecessem líderes que estivessem disponíveis para atender as questões do povo. Esta foi a solução encontrada por Deus para gerir os conflitos que havia em Israel.

Esteja disponível não acredite que o seu cargo é algo que lhe coloca acima da multidão. Você está aí para servir este é o propósito do reino, servir, ninguém que sirva está pronto para liderar.

Fale a língua dos jovens, e falar a língua deles não encher o seu vocabulário de gírias, mas compreender a linguagem do coração. Entender o que eles estão dizendo com a suas atitudes rebeldes, enxergar onde as palavras ainda nem foram ditas. Parece estranho não é, mas essa é a habilidade de ler os corações. Pense em atividades recreativas e sadias para saiam do ambiente da igreja.

Explorem o mundo ao redor, promovam momentos em que provem experiências saudáveis, de serviço e amor à comunidade. O papel do líder é estimular em todo tempo a comunhão com Deus. Sem santificação não veremos a Deus, sem conhecimento da Bíblia não saberemos o caminho. Se não tiver na mente o mapa, como descobriremos o grande tesouro?

Oração, estudo da bíblia e testemunho são fundamentais no grande conflito, são ações que blindam o jovem cristão. Planeje a transição de lideranças jovens, não acredite que você é a única opção da igreja. Treine pessoas para estarem no seu lugar, invista em novos líderes, incentive para que estudem a bíblia diariamente.

Participem de congressos, assistam e respeitem os de mais idade, escutem o que eles fizeram e copie o que for bom. Que se sintam responsáveis e compromissados no processo de salvação de outro, deixem fazer parte da missão. Não centralizar tudo em você, dividir é importante para poder somar.

Acredite no potencial da sua juventude cada um deles possuem dons talentos diversos e isso tem uma razão, somos únicos. Deus deu estes dons e talentos para serem usados na obra, então motive, ensine limites, itens que os jovens mais precisam no dia.

Não tenha medo de que eles não gostem de você, tenha medo de que eles rejeitem a Deus por sua causa.

E disse o Senhor a Samuel: Ouve a voz do povo em tudo quanto te dizem, pois não te têm rejeitado a ti, antes a mim me têm rejeitado, para eu não reinar sobre eles. 1 Samuel 8:7

Estabeleça limites e lhes dê responsabilidades.

Faça da bíblia a sua regra de fé e vida, e não fique só na leitura.

Propôs-lhes outra parábola, dizendo: O reino dos céus é semelhante ao homem que semeia a boa semente no seu campo; mas, dormindo os homens, veio o seu inimigo, e semeou joio no meio do trigo, e retirou-se. E, quando a erva cresceu e frutificou, apareceu também o joio. E os servos do pai de família, indo ter com ele, disseram-lhe: Senhor, não semeaste tu, no teu campo, boa semente? Por que tem, então, joio? E ele lhes disse: Um inimigo é quem fez isso. E os servos lhe disseram: Queres, pois, que vamos arrancá-lo? Ele, porém, lhes disse: Não; para que, ao colher o joio, não arranqueis também o trigo com ele. Deixai crescer ambos juntos até à ceifa; e, por ocasião da ceifa, direi aos ceifeiros: Colhei primeiro o joio, e atai-o em molhos para o queimar; mas, o trigo, ajuntai-o no meu celeiro. Mateus 13:24-30

Percebemos que Deus, não está se referindo apenas a igreja, mas ao mundo, sim somos obrigados a conviver com todos, bem e mal, trigo e joio.

Não importa para onde você vá: Sabemos que somos de Deus e que o mundo todo está sob o poder do Maligno. 1 João 5:19

Bons e maus devem conviver, mas as práticas não devem ser as mesmas, a ação é o que nos identifica.

Porque tive fome, e destes-me de comer; tive sede, e destes-me de beber; era estrangeiro, e hospedastes-me; estava nu, e vestistes-me; adoeci, e visitastes-me; estive na prisão, e foste me ver. Então os justos lhe responderão, dizendo: Senhor, quando te vimos com fome, e te demos de comer? ou com sede, e te demos de beber? E quando te vimos estrangeiro, e te hospedamos? ou nu, e te vestimos? E quando te vimos enfermo, ou na prisão, e fomos ver-te? E, respondendo o Rei, lhes dirá: Em verdade vos digo que quando o fizestes a um destes meus pequeninos irmãos, a mim o fizestes. Então dirá também aos que estiverem à sua esquerda: Apartai-vos de mim, malditos, para

o fogo eterno, preparado para o diabo e seus anjos; porque tive fome, e não me destes de comer; tive sede, e não me destes de beber; sendo estrangeiro, não me recolhestes; estando nu, não me vestistes; e enfermo, e na prisão, não me visitastes. Então eles também lhe responderão, dizendo: Senhor, quando te vimos com fome, ou com sede, ou estrangeiro, ou nu, ou enfermo, ou na prisão, e não te servimos? Então lhes responderá, dizendo: Em verdade vos digo que, quando a um destes pequeninos o não fizestes, não o fizestes a mim. Mateus 25:35-45**

O versículo não está falando de salvação por obras, não vamos para o céu porque visitamos os presos, nem porque vestimos e demos comida aos pobres etc.

Salvação é por graça:

Pois vocês são salvos pela graça, por meio da fé, e isto não vem de vocês, é dom de Deus; não por obras, para que ninguém se glorie. Efésios 2:8-9

Nestes dois trechos vemos a resposta de como ser um bom líder de jovens na Igreja?

Não se deixem enganar: "As más companhias corrompem os bons costumes". 1 Coríntios 15:33

Vamos conviver, viveremos no mesmo solo, seremos alimentados pela mesma água, mas nosso final será diferente.

Bem-aventurado o homem que não anda segundo o conselho dos ímpios, nem se detém no caminho dos pecadores, nem se assenta na roda dos escarnecedores. Antes tem o seu prazer na lei do Senhor, e na sua lei medita de dia e de noite. Pois será como a árvore plantada junto a ribeiros de águas, a qual dá o seu fruto no seu tempo; as suas folhas não cairão, e tudo quanto fizer prosperará. Não são assim os ímpios; mas são como a moinha que o vento espalha. Salmos 1:1-4

No essencial, unidade; no não essencial, liberdade; em tudo, amor. Como ser um bom líder de jovens na Igreja? Sirva a pessoas.

Desafio de hoje: Descanse, para servir você precisa estar com a mente descansada, desligue-se das redes e tire este dia para descansar e estar com sua família.

Missão dada é missão cumprida [ ]

QUAL É A IMPORTÂNCIA DE CRISTO PARA O JOVEM?

Porque Deus tanto amou o mundo que deu o seu Filho Unigênito, para que todo aquele que nele crer não pereça, mas tenha a vida eterna. João 3:16

Talvez a pergunta correta seria, qual a importância dos jovens para Cristo? Ah se compreendêssemos a força do amor incondicional de Deus, certamente não passaríamos por dores desnecessárias em nossas vidas.

Desde o Gênesis até o apocalipse, Cristo revela o seu amor aos seres humanos. Pertencemos a ele pela criação e pela redenção, somos alvo contínuo de seu amor. A importância do jovem para a Igreja é de grande valor, muitos são fonte de disposição, sua energia contagiante revigora e dá vida para a igreja.

Muitos possuem uma vontade grande de servir e participar, de aprender, de compartilhar ideias, e demonstrar cuidado, amor genuíno para com os jovens é uma oportunidade onde todos ganham.

O jovem naturalmente possui bom humor, quer sabedoria, e quer colocar à disposição do reino suas capacidades para servir. E se como líderes não vemos isso, é porquê perdemos a capacidade de contemplar a beleza nos seus mínimos detalhes.

E por esta razão, vivemos como loucos invertendo os caminhos e absortos atrás de migalhas de prazer. Prazeres estes que não preencham o eterno vazio que há em nossos corações.

Ele fez tudo apropriado ao seu tempo. Também colocou no coração do homem o desejo profundo pela eternidade; contudo,

o ser humano não consegue perceber completamente o que Deus realizou. Eclesiastes 3:11

Os prazeres lícitos e saudáveis da vida foram dados para que lembremos de Deus e não nos esqueçamos dele. Problemas, sempre vamos enfrentar, isso se chama vida.

Eu disse essas coisas para que em mim vocês tenham paz. Neste mundo vocês terão aflições; contudo, tenham ânimo! Eu venci o mundo". João 16:33

Pegue todos estes conselhos e dicas, guarda cada um deles no seu coração, de maneira que você consiga entender que não tem como se livrar dos problemas. Mas você pode aprender a lidar com cada um deles, mesmo nos lugares de paz como a igreja, os problemas não deixam de existir. Quando você vai para praia ou está nos lugares que você quer, os problemas não deixam de existir.

Então é necessário aprender a lidar com cada um deles com paciência, com conhecimento, com alto poder, e desejo resolver as coisas no seu tempo. Eu tenho certeza de que se você pegar essas orientações certamente elas vão melhorar a sua qualidade de vida e a da sua igreja também.

E ao invés de viver uma vida triste, alimentada por um cristianismo de aparências, talvez seja hora de surpreendente levantar e promover a luz. A vida cristã tem problemas, mas eles não são para sempre, e meu desejo é que você guarde isso no seu coração.

Essas instruções têm me ajudado muito e vão te ajudar, mas a minha pergunta é? Deixei semanas, horas e horas atrás para escrever todos estes dados, e o que você fara com eles? Espero que este não seja mais um livro em sua vida, mas que cada palavra toque o seu coração e lhe inspire a viver o cristianismo em sua essência.

É uma oportunidade em forma de livro, para transformar o seu coração, e criar uma cadeia do bem, que vai atingir, sua família, sua igreja e a sociedade. Você pode ser um agente transformador de pessoas, cada um dos seus jovens, depende de você, são livres, mas no bom exemplo precisam de você.

Leve Jesus para eles, seja Jesus para eles, que Deus abençoe sua vida, e realmente vocês sejam a verdade a andar pelo mundo promovendo a luz de Jesus. Seja rico daquilo que o dinheiro não pode comprar, tranquilidade, paz, confiança em Deus, saúde e capacidade emocional resolver os problemas. Qual é a importância de Cristo para o jovem? Alguém que dá a própria vida no lugar da sua criação, essa pergunta não merece nem ser respondida, por tão grande amor.

Um forte abraço e muito obrigada pela oportunidade e sua atenção.

Desafio de hoje: Não sei, você é o líder. Que Deus abençoe a sua vida e lhe transforme em um exemplo vivo do amor de Deus.

Missão dada é missão cumprida [ ]

AGRADECIMENTOS

A você que comprou o meu livro, e dedicou seu precioso tempo para ler entender e praticar, saiba que construímos cada detalhe pensando em você. Que Deus abençoe a sua vida com a realização dos sonhos dele pra você!

Quer falar comigo, acesse palestraparprofessores.com.br e envie suas considerações, críticas, sugestões e terei prazer em ouvi-lo.

Com carinho Wesley A. Barbosa.

:)

ABOUT THE AUTHOR

Wesley A. Barbosa

O Wesley Alves é cristão, profissional de marketing e um apaixonado pelo saber. São mais de 10 mil ouvintes impactados com nosso sonho de um futuro melhor para comunidades cristãs. Para mais informações sobre nossos projetos e ações acesse: palestraparaprofessores.com.br

Milton Keynes UK
Ingram Content Group UK Ltd.
UKHW040033160823
426896UK00018B/176